「共領域」からの新・戦略

イノベーションは社会実装で結実する

ダイヤモンド社

発刊に寄せて

三菱総合研究所　理事長
小宮山 宏

「失われた10年」という言葉が飛び交ったのは21世紀に入ったころだった。それからさらに20年、世界経済における日本の相対的な地位は、一人当たりGDPでも企業競争力指標でも低迷を続けている。国内的にも、少子高齢化の加速、財政のひっ迫、デジタル化の遅れなど、かねてからの課題に解決の道筋がみえていない。コロナ禍は、こうした事態を白日の下に晒し出した。

バブル崩壊から30年、誰も何もしなかったわけではない。政府は科学・技術分野への積極投資をはじめ、地方創生や少子化対策など、多方面で新しい取り組みにチャレンジし、その効果を確かめるべく実証実験を全国各地で展開してきた。民間企業は、特にデジタル領域で新事業投資を積極的に行い、イノベーションのための努力を重ねてきた。それでもなお、停滞感を抜け出すことができない。

たとえばGAFA、BATなど米国・中国のプラットフォーマーは、デジタル技術を開発するとともに新しいサービスを生み出し、短期間に次々と社会実装に成功している。一方で日本企業は、技術開発競争に勝ったものがないわけではないが、そのサービス化に手間取り、結局海外勢に先を越されてしまうことが多い。政府の後押しも十分な効果を生んでいない。要は、技術開発が社会実装につながらず、イノベーションが結実していないのである。

日本が今後、社会実装を推し進めてイノベーションを結実させるためには何が必要なのだろう。本書は、「バックキャスティング」と「共領域」の掛け算によって、日本の閉塞を打破することを提案する。

まず、「バックキャスティング」。

地球は長く人類にとって無限の広野だった。社会の目標は皆が食べられるようになること、そして物質的に豊かになることだった。そのために経済成長が必要だと多くの人が疑わなかったころ、わが国なら1980年代までだろうか、何をすべきかは明らかだった。だから、既存の取り組みの延長線で未来を考えるフォワードキャスティング思考が有効だったのだ。

しかしいま、地球は有限であり、地球を破壊しながらの経済成長はできないことが明らかになった。持続可能という制約下でいかに豊かさを実現するか、価値観は変わったのだ。

現状の延長線上に未来を描けない場合、まず、「こういう社会にする」と目標を決めて、その実現を追求する、バックキャスティングが試みられるべきだろう。いまなら、それが成功する確率が高い。その理由は知識の状況にある。人類がこれまでに蓄積した知識は膨大であり、しかし巨大なジグソーパズルのピースのように散在している。たとえ自らの周辺に見つからなくても、必要な知識はどこかにあると考えた方がよい。いま必要なのは、バックキャスティング思考を起点に、膨大な知識群から有効なものを見出し、構造化することで、複雑に絡み合った課題に挑むことなのだ。

太陽電池でも、リチウムイオン電池でも、日本の目標はあまりにも控えめで、世界競争に勝ち残れなかった。多くの技術開発競争の結果は、バックキャスティングの有効性を示している。

コロナワクチン開発競争も典型例だ。2019年の暮れコロナが始まったころ、私は専門家たちに、ワクチンはいつごろ使えるようになるかをたずねた。多くの人の答えは4年後、「治験に時間かかるんです、それを急げば」という条件付きで3年、中には「いいワクチンなんかできませんよ、インフルエンザのワクチン効きますか？」という悲観的な免疫学者もおられた。

現実には、約10カ月でよく効くワクチンが出回った。世界中でさまざまな挑戦がなされ、その中で、多くの専門家も知らなかったmRNAワクチン、大量生産技術、治験短期化、つまりすでにある知識をうまく結合したファイザーやモデルナが成功した、ということだ。専門家が予測に失敗した理由、それは自らの周辺の限られた知識によるフォワードキャスティングにある。

価値観が激しく変化し、知識が膨大に蓄積された世界では、バックキャスティングに分がある。目標はきっと達成できる、そう考えて挑戦する方が勝つ確率が高いのである。

もう一つの重要な視点は「共領域」である。

聞き慣れない言葉かもしれないが、多様な人や組織の「つながり」によって価値を創出するというコンセプトであり、三菱総合研究所が創業50周年記念研究で打ち出したものである。

経済成長至上主義の時代につくられた組織は、機能別に細分化され、それらを中央集権的に統括する。それは、目標が明確かつ単純であった時代には効率的だったが、価値観が変化する現在、弊害の方が大きくなっている。バックキャスティング思考に基づき必要な知や機能を構造化しようとしても、縦割り組織がそれを阻む。この問題は欧米でも、サイロ効果と呼ばれ、重要課題として急速に浮上している。

細分化された組織や個人をつなぐ新しい紐帯が必要である。「共領域」という言葉には、これからの日本に必要な新しい紐帯という意味を託している。

本書で紹介する東京大学の研究チームによる種子島プロジェクトは、「共領域」の好例である。そこでは地域の社会課題を掘り下げて共有し、さまざまな知識を持つ人々や組織を島の内外から集め、それぞれが持つ知を活かしながら現実的な解決方法を探り続けている。大学がハブとなり、異なる価値観を持つプレイヤー間をつなぐ「共領域」を組成して「コレクティブ・インパクト（集合的な効果）」を発現しているのである。このような例がいま、世界各地で生まれ始めている。

日本には本来、「共領域」を育む土壌があるのではないか。カーボン・ニュートラルのような人類共通の挑戦においても、「日本らしさ」を活かしたい。そのためには、子や孫が経験するだろう地球とそこにおける日本の社会、そこからのバックキャスティングと、心の底から納得し、参画意欲を掻き立てられるような共領域の創出が必要だろう。長い歴史によって育まれた共通感覚と響き合う、そんな共領域の創出が工夫のしどころとなる。「バックキャスティング×共領域」がキーワードだ。本書は、そうした事例を満載している。

本書が、自らが欲する未来の実現に向けて、自らが動き出す契機となることを願っている。

はじめに

なぜ、いま「社会実装」なのか

2020年の世界を席巻した新型コロナウイルス感染症は、人類社会にきわめて大きな影響を及ぼした。各国とも考えられる限りの対策を打ち出したなかで、日本国内での死者数など重篤な影響は他の先進諸国などに比較して軽微に推移してきたといえる。この点に関してはさまざまな要因が挙げられているが、日本の国民気質や衛生観念、生活習慣の違いに負うところが大きいことは確かであろう。一方で、特別定額給付金の交付や医療機関での情報処理など、政府や医療などのIT装備、デジタル化の弱点が顕在化した感がある。マイナンバーカードも肝心の場面でうまく機能しなかった。

コロナ禍で改めて気づかされたのは、過去30年の日本で技術革新は進み、イノベーションが生まれる環境も整備されてきたものの、社会の変革は進まなかったという事実である。これは、働き方、医療、教育、行政などさまざまな分野に共通している。社会の安定や漸進的な変革は近年の日本の特徴でありいい面もあるが、グローバル化が進み、技術と社会が速く激しく変化する時代には、大きなハンディキャップとなる。

失われた30年、日本の国際競争力は低下が続いてきた。１９９５年にはG20のトップにあった一人当たり名目ＧＤＰは頭打ち状態が続き順位も低迷している。さまざまな機関が発表する国際競争力ランキングでも退潮傾向が続く。

日本の問題の本質は、イノベーションや先端技術そのものよりも、それを社会に実装し、社会の変革に結びつける部分にあるのではないか。我々が本書を著すに至った問題意識はまさにそこにある。イノベーションは社会実装の過程で大きな果実として社会変革を生む。したがって、日本の社会経済の長期停滞はイノベーションが社会実装されないことが一因ではないか。逆に言えば、技術・イノベーションを社会実装させることができさえすれば、社会変革に結びつき、わが国の社会経済を再び発展させることができるであろう。これこそが、我々が提唱する日本の新たな競争力回復のための「新・戦略」である。

日本の社会実装の成功と失敗の事例分析から見えてくるもの

かつての日本の成功は、モノが不足しており、つくれば売れた時代や、技術の目標が社会課題の解決に直結しており、技術的な課題の克服が即、社会実装された時代が背景にある。わが国は得意としてきたモノづくりの強みを活かして電化製品を皮切りにユニークなイノベーションを実現し、それは即社会に実装されることで高度成長と生活水準の向上に結びつけてきた。

高い技術力ときめ細かな改良努力が、高い品質・機能を実現しモノづくり大国の地位を築き上げたことこそが成長の根源であった。また、公害やエネルギー危機などの社会課題の克服は新たな技術に負うところが大きく、これらもわが国が得意としてきた領域でもあった。

概括すると、この時代は「先が見えていた」時代ともいえる。「何をすればよいのかが見通せた時代」ともいえる。この時代にはわが国の強みが存分に発揮された。その後、社会や経済の成熟期を迎えると、ピタッと成長が止まってしまった。

経済の成熟とともにかつての勢いが弱まった理由はさまざまに考えられる。これを探るため、本書の分析編では当社の「生活者市場予測システム」を活用して、社会実装の成功事例、社会実装が浸透しなかった事例のアンケート調査結果を紹介している。最近の成功事例は、新たなライフスタイルの創造につながったものが多い。これはかつての日本企業が得意だった分野でもある。音楽を持ち運ぶというコンセプトに立ち生活のスタイルを変えたヘッドホンステレオ、業務用を家の中に持ち込んだ家庭用ゲーム機や家庭用録画機などは、アミューズメントに関して空間と時間の制約を取り払うことになった。小型化・コンパクト化はあくまで実現手段であった。

日本企業はいまでもこの成功モデルを追い続けているが、社会が豊かになるに伴い成功は難しくなった。ニーズやペインに着目することが重要となり、技術・供給者起点の発想は外れになることが増えた。社会の成熟化が進むと、技術やサービスの新しさよりも、そのメリットが決め手となる。そこが弱いと社会実装は進まない。ここで重要なのは、未来のメリットが見通せなくなっているという事実であろう。

さらにその真因は、社会がますます複雑化し不透明化していることから、ニーズとシーズを多面的にあらゆる方面から考えなければならないにもかかわらず、組織や社会のプレイヤーが細分化され、各々局所最適を目指すという、ある種の社会的・組織的な「分断」にあると考えられる。いわゆるサイロ・イフェクト（ある組織が内部で分断され、視野狭窄に陥ってしまう現象）である。縦割り組織、研究と事業（シーズとニーズ）の乖離、さらには世代間や地域と中央など分断の例は枚挙に暇がない。これを打開し再び日本が発展するには、異なるプレイヤーがイシューを共有し集合的に解決する必要がある。

希望はある。

わが国は、個人技では劣っても協調性を発揮することに長けた国として知られており、後述するコレクティブ（集合的）・インパクトによるイノベーションの可能性は高い。また、目標さえ明確であれば実現の手段は何でも揃っている稀有な国でもある。すなわち、要素はある。課題はいかにしてそれらの結びつきをつくってやるかということである。

さらに、本書の分析編が示すように、次の時代を担う若者は社会貢献・社会課題解決にやりがいを持ち、他者とのつながりや信頼を重視していることも心強いことである。

繰り返すが、希望はある。日本および日本企業には社会実装を実現し発展する力がまだ十分にある。本書ではその道筋を示す。

日本で「社会実装」を促進するには

官民協働にみられる「共創」という新たな日本モデル

成熟し少子高齢化が進む時代には、規格大量生産型の新製品はもとより、単独企業や民間の協業だけでは解決の難しい社会問題が増えている。社会価値と経済価値が一致しない、すなわち社会価値はあっても採算が合わないケースも増えており、官民の適切な役割分担と協働が欠かせない。そこで重要なのは、「共創」という概念である。

米国は、GAFAに代表されるようにスピードとオープン戦略でデジタルイノベーションが推進され社会実装を通じて新たな価値を生み続けている。これらの企業や多くのスタートアップは単独で事業創生したと思われがちであるが、要所要所で国の研究開発資金やプロジェクトをうまく活用してきた。欧州は、国やEUというフレームを通じて国際標準化やルールづくりを先導し、国際的な産業競争力を高めてきた。中国も国家戦略として種々の社会実験や大規模な投資を行い、急速な社会実装を実現している。官民の歯車をうまく噛み合わせているのである。

わが国は、本来、社会的な目標を共有して協調的な取り組みを粘り強く行うことができる国である。詳しくは後述するが、社会実装の成功事例とされるETCでも、当初はインフラ整備や普及への多額の税金投入を疑問視する見方が少なくなかったが、本格普及まで粘り強いキャンペーンと利便性改善に10年の歳月を要したものの、その利用率はいまや9割に達する。そのやり方「共創」を今一度、見詰め直すべきである。

企業の持つ技術力の再評価と着眼点の転換

世界を見渡しても、日本のように素材、部品・デバイス、製造のすべての技術を国内に保有している国は少ない。中国は、その資金力を駆使して技術と人を調達することで急速に技術水準を上げてきたが、ゼロから新技術を生み出す力は未知数である。日本が技術力で勝負できる領域はまだまだ多い。日本の課題は製品化して社会に実装する力であり、それは技術起点の発想の弱点でもある。社会のニーズ・課題を起点に、その解決を生み出しえる技術・アイデアを探す順序をたどるべきである。

大きなビジョンとして、世界の消費者の欲求・期待、社会の切迫したニーズに想像力を働かせるところから始めよう。着眼点は、経済成長よりも新しい豊かさと持続性（人々の真の幸福に寄与するか、ペインポイントをついているか、生死に関わるかなど）。それに応える手段や製品（アイデア段階でよい）を考案して、幅広いステークホルダーと協働すれば、必要な技術はどこかで必ず手に入り、社会実装はおのずと進むであろう。

最近は、社会課題も、その解決に用いる技術も複雑化し、相互依存度も高まっている。一つの技術で一つの問題を解決することが、別の問題を誘発し増幅することもある。コロナ対策でも、公衆衛生や医療・人命保護の問題だけではなく、経済や社会の構造、さらには人々の行動様式やものの考え方にまでに深く影響を及ぼしている。そのためには、何よりもサイロ・イフェクトからの脱却が求められる。その本質は、「つながることの価値」を追求することである。

政府に期待される役割と施策

こうしたなかで政府に期待されるのは、「社会課題解決に資金が回る仕組みをつくること」「基本となる人材を生み出すための教育を行うこと」であろう。

資金面では、通常の財政政策に加え、受益者負担と市場原理を活用することが考えられる。たとえば、温室効果ガスの削減に向けては、炭素税・グリーンタックスなどの新税とともに排出権取引やＥＳＧ（Environment：環境・Social：社会・Governance：ガバナンス）投資など市場を通じた資金の流れも促す。デジタル経済の浸透に適応する取引ルールや税制の見直しも喫緊の課題といえよう。

教育・人材育成も時代の変化にマッチした変革が必須の分野である。単にＩＴリテラシーや英語教育を強化するのではなく、社会課題解決策の実装に貢献できる創造性と実現力を備えた人材を育成することが必要だ。

それらに加え、「共創の仕組みの確立」を推し進めることも重要である。詳細は実践編に示すが、「国プロ調達・参画方式の改革」「産官学人材流動の促進」「政策評価の改革」などが求められる。

コレクティブ・インパクトという新・戦略

近年、ＤＸ（デジタルトランスフォーメーション）など先端技術の進展は目覚ましく、その分野で日本が米中に立ち遅れていることは否定できない。しかし、それが直ちにイノベーションや社会実装、社会改革の障害になるとは限らない。イノベーションから社会実装は一連のプロセスであり、天才的な発明発見や先端技術だけで実現するものではない。既存の（実証された）技術をうまく組み合わせ、技術以外の要素（社会システムなど）も織り込み、長いときは数十年の年月を経ることで、大きな果実＝社会変革が実現する。

問題の複雑さとそれぞれの因果関係を把握することから始めて、多種・多層なソリューションの考案、それを実装・活用するインフラの構築に至るまで、幅広い賛同者・参加者を巻き込み、協調して事に当たるメカニズムが必要となろう。まさに、「分断」から「共創」に向かうことは必然なのだ。

そのためには、人と人、組織と組織、場合によっては人と組織の間に何らかの「紐帯」を形成することが必須である。しかも、それは信頼や相互承認に基づく能動的なもの、そこで参加者が自己有用感を感じられるようなものである必要がある。私どもは、この紐帯を「共領域」と名づけた。この「共領域」を形成し、「コレクティブ・インパクト」を実現することにより社会実装や社会の活性化を進めることこそが、我々が唱える新・戦略の姿である。

コレクティブ・インパクトとは、異なるセクターから集まった重要なプレイヤーたちのグループが、特定の社会課題の解決のため、共通のアジェンダに対して行うコミットメントと定義される。これまでの問題解決に向けて個々の組織がそれぞれ努力する手法とは一線を画す新しいアプローチであり、わが国、特に若者の志向とも合致したものである。

本書の構成

日本の社会経済の長期停滞はイノベーションが社会実装されないことが一因である。なぜならば、イノベーションは社会実装の過程で大きな果実として社会変革を生むからである。現代の複雑化した社会では、細分化された組織や社会が個別最適を追求するシステムは限界を迎えている。これらを克服するには、「共領域」を形成し「コレクティブ・インパクト」を実現するということが我々の提示する「新・戦略」である。動かない日本への処方箋である。

本書では、はじめに「分析編」として、失われた30年を振り返り、当社独自の調査結果と併せて社会実装のための課題点を明らかにするとともに、未来の日本の可能性も示した。日本が置かれている現状と停滞の原因を根本から考えたい方にはぜひ読んでもらいたいところである。

次の「実践編」では、イノベーションを社会実装につなげるための手法を記載している。具体的には、「分断」から「コレクティブ・インパクト」への流れを示すとともに、具体的に企業は何をすべきか、政府・産業界は何をすべきか、さらには社会全体で何をすべきかがトピックを含めて示されている。それぞれの立場で関心のある節を読んでいただいて構わない構成となっている。

本書が、企業の経営者、事業・研究の企画担当者、スタートアップ・中小企業の経営者のみならず、研究者・技術者や産学連携などの関係者、政策立案担当者にとって、イノベーションを完結させ社会実装に踏み出す際の一助になれば幸いである。

【もくじ】

第2部　実践編

4　政府・産業界は何をすべきか

第 1 部 分析編

1 改めて「失われた30年」を振り返る

生産性順位の下落

経済的な豊かさを表現する指標として通常用いられるのは、国民一人当たりの国内総生産（GDP）である（図表1-1）。わが国の一人当たりGDPは1995年以降まったく伸びていない。結果として、一時はOECD加盟国中6位まで上昇し先進7か国で米国に次ぐ水準になったこともあったが、近年は先進7か国中最下位の状況が続いている。この期間は、「失われた30年」と呼ばれる。

一方、豊かさを実現する手段の代表的な指標の一つである労働生産性の観点から状況を把握する。2019年の日本の一人当たり労働生産性は、約824万円で、順位でみるとOECD加盟37カ国中の26位である。1990年代以降、この順位は下落傾向が続いている（図表1-2）。確かに豊かさを手にできる状況にはなかったのである。

図表1－1：日本の1人当たりGDPの推移　1970年12月～2018年12月

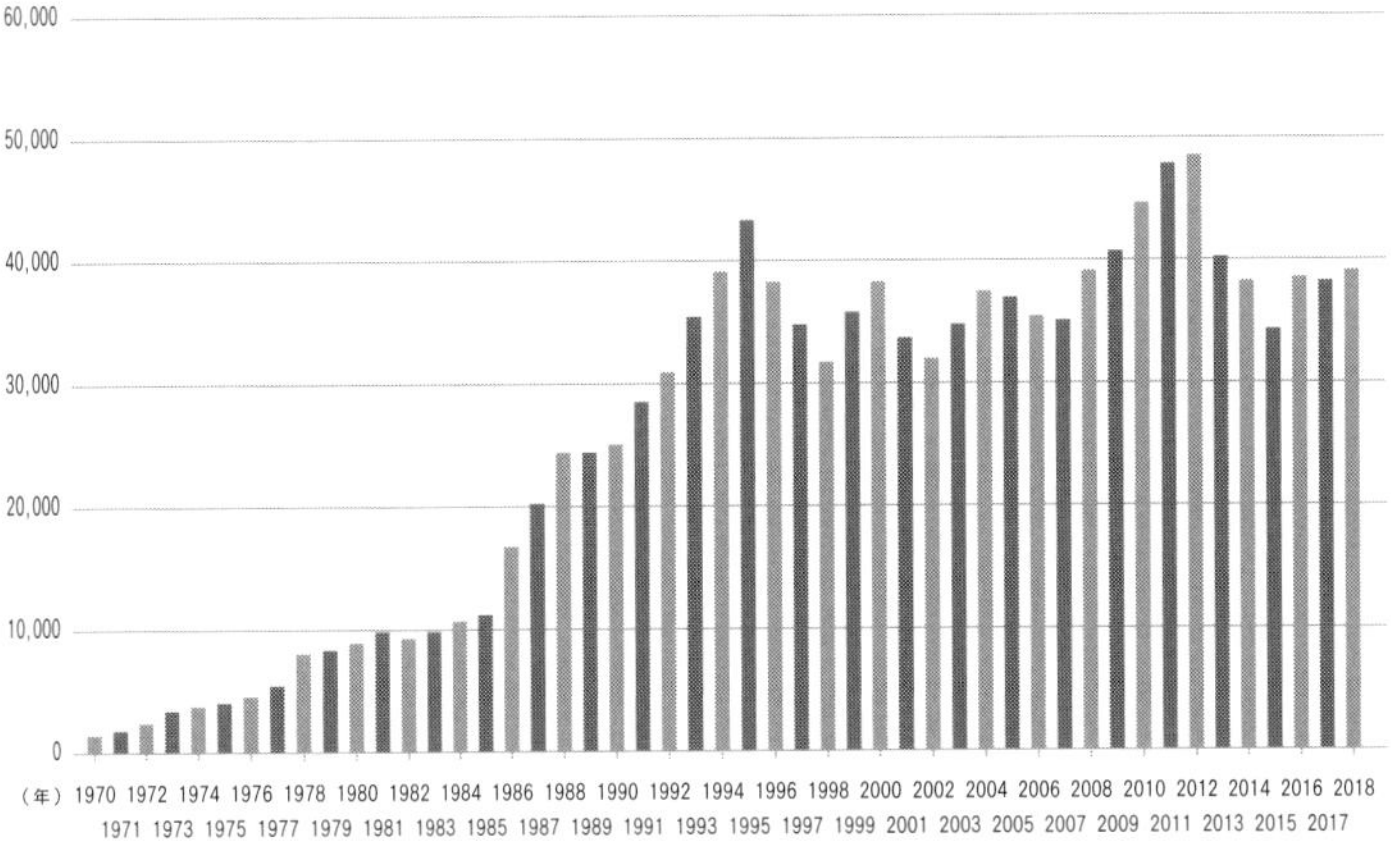

出所：「World Economic Outlook Database」から作成

図表1－2：主要先進国7カ国の就業者1人当たり労働生産性の順位の変換

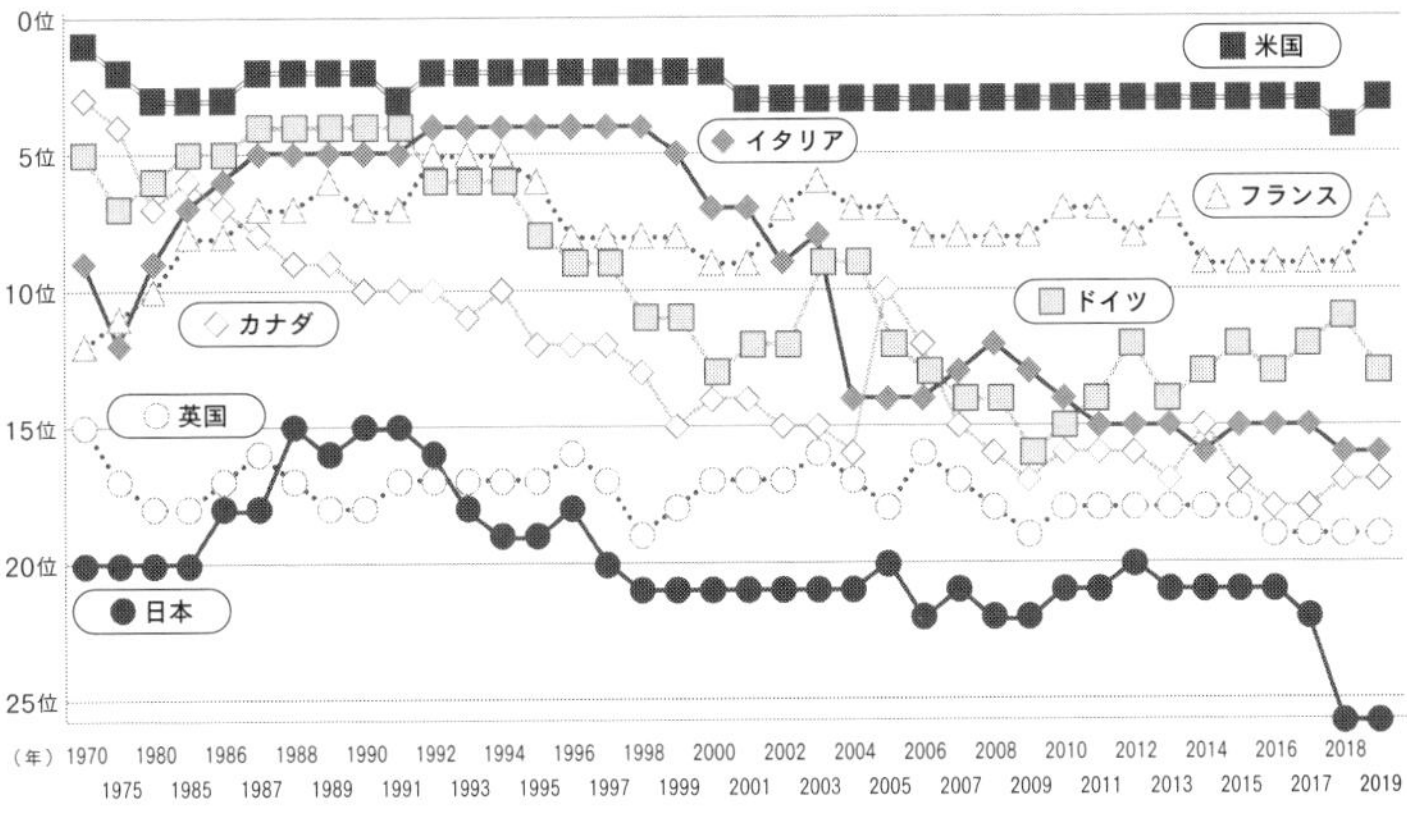

出所：日本生産性本部・生産性レポートVol.15「生産性と競争力～欧州における国家生産性委員会の動向～(2020年8月)」から作成

わが国の失われた30年の原因として、前述の生産性（生産能力）の伸び悩みのほか、その深層としてイノベーションへの対応や構造改革の遅れ、内向き志向によるガラパゴス化、科学技術力の衰退、少子高齢化の進行や個人投資の停滞など、諸説が論じられている。いずれもそれなりの説得力を持つ主張である。しかし、なぜイノベーションや構造改革が遅れるのだろうか。個人投資はなぜ停滞するのだろうか。かつて世界で賞賛された日本の優れた技術力は、本当に劣化してしまったのだろうか。そこには、「どんなに優れた技術があっても、それを社会に普及させるのはとてつもなく困難だ」という空気がありはしないだろうか。その空気こそが、投資の停滞を招く一因になってはいないか。

我々は、日本の技術的な優位性はこの30年間にも大きくは揺らいでいないという前提のもとに、そのような優れた技術が社会に十分に適用されていないという観点、すなわち「社会実装」が停滞していることが失われた30年の原因であるという仮説を持っている。本章では、このような視点から、わが国の経済的停滞の問題を捉え直してみたい。

社会実装とは何か

近年、日本では「社会実装」という言葉が急速に注目され、関心が高まっている。社会実装とは、新商品・サービス、研究開発成果、社会インフラ、行政サービス・政策などが社会に受け入れられ定着することと定義してよい。日本で社会実装という用語が使われるようになったのは、比較的近年のことである。科学技術振興機構（ＪＳＴ）が「社会技術」という概念を提唱したのが嚆矢であり、それからまだほんの10年程度の歴史しかない。

社会実装は、イノベーションとの関係を抜きには語れない。歴史的にみると、まずオーストリア・ハンガリー帝国生まれの経済学者シュンペーターが新しい製品の創出、新生産方法の導入、新市場の開拓、新資源の獲得、組織改革の実現やこれらの新結合をイノベーションとみなした。一方、経済白書に初めて、「イノベーション（技術革新）」の記載があったのは、１９５６年（昭和31年）版である。当時はモノも技術も不足していた未成熟な時代で、技術ができれば社会実装は自然に行われた。いいものをつくれば必ず売れた時代といえる。したがって、技術の確立が社会実装にとって最も重要な要件であった。このことが、その後のわが国における若干の混乱を引き起こす原因ともなっている。

振り返ってみると、工業化時代の日本は、モノづくりの強みを活かして電化製品を皮切りにユニークなイノベーションを実現し、社会に実装することで高度成長と生活水準の向上に結びつけてきた。日本企業は洗濯機や冷蔵庫自体を発明したわけではないが、インバーターエアコンやノートパソコンをはじめ技術力ときめ細かな改良努力を続けて高い品質・機能を実現しモノづくり大国の地位を築き上げた。自動販売機、24時間営業のコンビニエンスストアなども、生活の不便の解消という社会ニーズに着目し、日本が世界に先駆けて社会実装に成功している。

すなわち、日本の社会経済の発展は技術革新が着実に社会実装されることでもたらされたと言える。

高度成長期は社会実装が容易だった

「社会実装」という言葉は、前述の通り科学技術振興機構の「社会技術」という概念から生まれたものであるため、研究開発や技術開発の延長線上に考えられがちである。これは偶然ではない。日本の科学技術行政ではイノベーションを技術革新と捉えてきている。経済白書も、「イノベーション（技術革新）」と表記した。技術革新は、あくまで社会実装や社会変革のための一構成要素であり、はじめからこれに固執することは本末転倒の議論となるのだが、わが国の高度経済成長期の成功は、この誤解を包み隠した一面がある。高度経済成長期は、技術的な課題を克服しさえすれば、社会実装できた時代だったのである。

具体的な例を挙げる。高度成長は、生活水準の向上とともに大気汚染などの公害をもたらした。同じ時期に発生した原油価格の高騰は、資源小国日本に大きな課題を突きつけた。ホンダのシビックに搭載された低公害型ＣＶＣＣエンジンが米国の１９７０年大気浄化法改正法（マスキー法）の基準を世界で初めてクリアした。さらに、田子の浦や洞海湾などで排水処理技術を実装するなどして、課題解決先進国になった。社会課題が具体的で明確であり、その克服の律速（ボトルネック）が技術にあった時代である。この時代には、次々と世界に先駆けて製品を世界に送り出してきた。

ここで、社会や環境の問題に起因している課題解決を成功させるためには官民協調が必要であることが重要だ。日本はこの分野では多くの成果を生み出している。日本モデルといってもよいかもしれない。ただし、多くの場合、法的優遇策（アメ）と規制や罰金（ムチ）を伴う。たとえば、公害防止機器は、規制と技術開発がよくマッチしたものであり、日本は世界でも顕著な効果を上げてきた。こうしたなかで米国の1970年大気清浄法改正法案（マスキー法）に世界で初めてクリアしたのは、ホンダのシビックに搭載された低公害型CVCCエンジンだったのだ。前述のように、電気自動車（EV）は各国のエミッション規制に対応中であり、環境負荷の軽減などの社会効果をもたらしている。

新技術や新サービスの訴求力低下

その後のわが国の失われた30年は、ひとえに社会変革（真のイノベーション）が進まなかった30年である。前述のように、国民の豊かさを示す代表的な指標である一人当たりGDPは、

1995年以降ほとんど伸びはなく横ばいのままである。

社会の成熟化が進むと、新技術やサービスによるメリットの訴求が小さくなる。一般論として、限界効用が限界費用を超えられなければ、社会実装は進まない。キャッシュレス決済は、現金決済が安全で不便がない日本やドイツでは期待されたほど進んでいない。途上国で普及が進んでいる背景には、銀行がなく不便で偽札や盗難などの犯罪が多い事情がある。近年、日本で新製品が売れない家電や自動車もこれに分類されよう。近年は技術革新それ自身が目的化しており、日本の有する優れた個別技術が死んでいるように見える。

前述のように高度成長期に構築された社会インフラや各種商品やサービスが素晴らしかったため（すなわち顧客満足だけでなく収益性も高かったため）、企業が持続的イノベーションに傾注してしまったこと、さらに労働者の勤労・勤勉さによる長時間労働をいとわない労使の共通認識がそれを助長してしまったことを遠因として、結果として労働生産性の改善が進まなかったのではないであろうか。

日本はスイッチングコストが高い

こういった持続的イノベーションの継続により社会インフラや各種商品やサービスの質は世

界最高水準に達してしまった。たとえば医療・介護においても、これほど患者に優しいサービスを提供してくれる国はほかにない。スーパーに並ぶ商品もこれだけ種類が豊富で消費者ニーズに合わせて新商品が早いサイクルで入れ替わるような国はめずらしいのではないか。企業や従業員にとってお客様は神様という意識が他国とは大きな相違である。結果として、そういった高いサービス水準は、高いスイッチングコストを要求することとなり日本での破壊的イノベーションの社会実装が進まなかったとも考えられる。

つまり、社会実装がなかなか進まない要因としては、既存システムの破壊コストが膨大であることも重要な点として挙げられるのだ。医療、教育、行政などのデジタルトランスフォーメーション（ＤＸ）がそれに相当しているであろう。モッタイナイ精神の負の側面かもしれない。しかしながら、日本は、既存のシステムを破壊し新たなものを構築することは苦手といわれるが、明治維新や戦後の復興では従前の社会システムや価値観を壊し大転換させることに成功を収めたことは忘れてはならない。

日本の未来は社会実装力に依存

そもそも社会実装の大前提となる「技術力」に関しては、わが国の強みはまだまだ存在する。

世界中を見渡しても、素材、部品・デバイス、製造のすべての技術を国内に保有している国は稀である。現在、中国にはかなわないという論調もあるが、モノづくりは日本が優位性を持つ部分もある。中国は人材や技術を資金力で買うことで短期間に技術水準を上げているが、ゼロから新技術をつくる力は未知であり、まだまだ勝負できる領域は多い。

日本が弱いのは実装力（市場開拓、マネタイズ）であり、それは技術起点の発想の弱みである。日本の大学や企業は、技術を確立することには秀でているが、それの持つ潜在的な（将来の）社会的な価値を目利きすることは弱いといわれてきた。目利きすべきは、何よりも社会的な価値そのものである。そこでは、限界効用の大きな課題から取り組むことは鉄則であり、わが国では医療、教育、モビリティなどがその対象となる。繰り返すが、社会課題を明確にすることが最初の取り組みであり、次にその社会価値を生み出しうる技術を探すないし再評価するというのが順序である。これを間違わなければ道は開ける。

それでは、課題起点で技術を活かす道は、具体的にどうあるべきであろうか。ビジョンとして「世界のみんなが求めるもの、社会が求めるきわめて切迫したニーズ（人々の真の幸福に寄与するか、痛点をついているか、生死に関わるかなど）に応えるものは何か」を考えて事を起こし、ユーザーと共創すれば、社会実装はおのずと進むであろう。繰り返すが、わが国はその出発点となる材料がすでに揃っている稀有な国である。

2 社会実装の停滞

近年、特に失われたといわれる30年間、諸外国と比べて日本ではなぜ社会実装が進まないのか？　一方で、うまくいった事例があるが、どうしてなのか？　どうすればスムーズに社会実装できるのか？　を明らかにすべく、その基礎データとなる社会実装の成功事例・失敗事例を幅広く収集するための調査を実施した。

具体的には、三菱総研の社員全員（研究員やコンサルタントのみならず間接部門の社員も含めた）に対して、社会実装の成功例、失敗例を1～2例を挙げてもらい、その理由も

図表1－3：三菱総研社員の考える社会実装の成功例と失敗例

成功事例

順位	事例	回答数
1	**交通系電子マネー**	**49**
2	**ETC**	**26**
3	**QR キャッシュレス決済**	**24**
4	**クールビズ**	**21**
5	**スマホ**	**17**
6	GPS 等位置情報サービス	13
7	インターネット	12
8	再エネ利用（FIT 等）	10
8	シェアリングサービス（車等）	10
10	ふるさと納税	9
番外	温水洗浄便座	3
番外	地域キャラクタービジネス	1

失敗事例

順位	事例	回答数
1	**マイナンバーカード**	**114**
2	**日本固有性**（規制等、事例ではないが）	**30**
3	**行政 DX**（電子手続き等）	**22**
4	**各種 IT・システム**	**21**
5	**プレミアムフライデー**	**15**
6	キャッシュレス（多種過ぎる）	12
7	社会制度（憲法改正、消費税等）	9
7	医療 DX	9
7	EV・燃料自動車等	9
10	スマートシティ関連	7
番外	2000 円札	3
番外	サマータイム	2

N ＝ 438、複数選択式
出所：三菱総合研究所

収集した（図表1-3）。この調査結果は、データベース化し、「MRI版社会実装の手引き」として取りまとめている。

利便性は社会実装の大きな要因

成功例として最も多く挙がったのが、「交通系電子マネー」「ETC（電子料金収受システム）」「QRキャッシュレス決済」といった課金（利用者の立場からは支払い）の簡便化に関わるものであった。いちいち切符を買う手間や料金所やレジなどで現金による精算の手間を省くという利便性の向上がその理由であろう。

ETCの導入当初は、車載器は高価だし、なくても困らない。たくさんのインフラ整備や車載器の普及に向けてお金を投入したのに、普及しないじゃないかという声も多かった。その後、地道なキャンペーンを行い、利用率が8割を超えた辺りから、高速道路1000円乗り放題のためにETCを使ってみたら便利だとわかり、今後も利用したいと流れが変わってきた。官民が協調して社会実装を進めることは、日本のやり方の一つ（日本モデル）なのかもしれない。

その次には、「クールビズ」が入っている。ビジネスマンの実感として、ここ10年で夏の服装は一変したといえよう。特に、この新型コロナウイルスの蔓延によるテレワークの普及により「スーツ」の需要は大幅に減少した。歴史的にみると、「省エネルック」という官製のクールビズがあったが、いかにもやぼったかった。ネーミングも含めて「カッコよさ（社会的な受容性）」を強調したことが要因といえよう。

さらにその次に、「スマホ」「ＧＰＳ等位置情報サービス」「インターネット」がきている。令和2年度版の情報通信白書によれば、スマートフォンの普及率は、これらの世帯保有率は、２０１０年に9・7％であったものが（２００9年は統計データなし）、２０１2年におよそ5割に到達し、２０１9年には83・4％に達している。典型的なS字カーブ（シグモイド：普及曲線、技術の普及カーブ）を示している。

供給者目線で社会実装はできない

一方で、はっきりと（その時点で）失敗と位置づけられるのは、「マイナンバーカード」や「行政ＤＸ」「各種ＩＴ・システム」や「医療ＤＸ」などの主に行政面でのデジタルシステムの導入である。そもそも「ＤＸ（デジタルトランスフォーメーション）の70％は失敗している（トニー・サルダナ『なぜ、ＤＸは失敗するのか？』東洋経済新報社、２０２１）」という指摘もあるが、わが国の行政ＤＸに関しては、「ユーザー側ではなく役所（供給側）が発想したデジタル化」であり、縦割り行政の下で、現場の実情に合ったシステムを設計・開発できなかったことに由来しているといえよう（日経コンピュータ『なぜデジタル政府は失敗し続けるのか』日経ＢＰ、２０２１）。

成功と失敗の境界線

なお、ここでは、便宜上「成功事例」「失敗事例」と記載しているが、話はそう単純ではないことも見て取れる。よく見ると、社会価値が不明でありそもそも疑問のあるものが含まれている。２０００円札がその代表例であろう。また、成功・失敗と一概に言いきれないものも多い。たとえば、シェアリングサービスは急速に広がってはいるものの欧州と比較するとそのシェアは小さい。一方、電気自動車（ＥＶ）は、確かに立ち上がりは遅いが各国はＥＶ普及率を規制で決めており、そのロードマップに沿っていれば失敗とは言いきれない。自動車メーカーは規制に合わせて生産を最適化しており、いずれ社会実装するであろう。時間軸をどう取るかにより見方が変わってくる。この図表には表れていないが、24時間営業のコンビニエンスストア、自動販売機、低公害車などは、わが国が世界に先駆けて社会実装に成功しているものといえるかもしれない。

「ペインポイント」は地域で異なる

個々の事例を挙げること以上に、むしろ重要なのは、何をもって成功・失敗と判断したのかということである。調査から読み取った社会実装の成功要因を図表1-4に示した。表側には成功要因の分類、表頭にはそれぞれの成功要因に寄与する要因を掲げている。たとえば、成功要因①「実装される側の要因」に最も寄与が大きいのは「利便性などきわめて大きなニーズに応えた」である。成功と考えた主な要因は、利便性などの大きなニーズやペインポイント（痛点、悩みの種）に的確に応えた、部分最適にならずに全体最適に徹することで多くの賛同を得た、戦略的に取り組んだことなどであった。

特に重要なポイントは、「利便性などの大きなニーズやペインポイント（痛点、悩みの種）に的確に応える」ことが、社会実装の大きな成功要因になることである。

よく日本では、実証研究まではうまくいくが、なかなか実装されないということが指摘される。コロナ禍で国境が閉じる直前に、世界経済フォーラム（World Economic Forum：WEF）が米国に設立した第四次産業革命センター（Centre for the Fourth Industrial Revolution：C4IR）を訪問する機会を得た。ダボス会議の準備で忙しいなか、無理を言って対応してもらったが、以下のような議論が印象に残った。「世界経済フォーラムでは世界的な視野で危機感、不便さのレベルから社会課題を見ている。日本は『日本の当たり前』だけをベースにして考えているので、世界的な視野で本当のペインポイントを理解することができていないのではないか。世界経済フォーラムで、ドローンの規制を定めるための実証実験をどこでやろうかという話になったときには、アフリカを選んだ。アフリカのルワンダでは陸路での血液輸送が非常に不便であり、人命救助という目的に対してドローンによる輸送の必要性や価値が非常に高い。生き死に関わる切迫性ほど、ニーズが高いものはない」。

ないと苦痛や不便を感じる点（ペインポイント：痛点）が明確なものは、実装は円滑に進む。洗濯機や冷蔵庫がこれに相当する。多くは高度経済成長の波に乗ったものである。

図表1－4：三菱総研社員の考える社会実装の成功要因

成功要因の分類	要因数の分布 利便性などきわめて大きなニーズに応えた	強いリーダーシップを持って牽引した	全体最適に徹することで多くの賛同を得た	危険・危機回避の切迫感をテコにした	誰でも使える容易性を武器にして拡大させた	戦略的な取り組みで困難を克服した	費用対効果の高さを原動力にした	そのとき（ちょっと先）の時流に乗った
①実装される側の要因（市民、生活者、国民）	9	1	8	2	4	4	5	3
②実装する側の要因（企業、業界、行政）	2	7	4	3	1	6	3	1
③社会的な要因	1	1	3	10	0	4	0	5
④技術的な要因	2	1	2	2	3	5	2	4
⑤政策的な要因	1	7	10	0	0	33	2	2
⑥ビジネスモデルの要因	1	0	1	0	1	3	0	1

注：上記の数値は成功要因数であり同一要因の回答は取りまとめたので回答数とは一致しない。表を横に見て、顕著な要因の個所をハイライトした。

出所：三菱総合研究所

また、前述のように、自動販売機、24時間営業のコンビニエンスストアなども、不便の解消という社会ニーズにマッチして社会実装されてきた。わが国では社会の治安の良さも要因といえよう。

社会課題解決の先にビジョンが必要

次が、新たなライフスタイルの創造につながったものであり、かつての日本企業が得意な分野でもある。音楽を持ち運ぶというコンセプトに立ち生活のスタイルを変えたヘッドホンステレオなどや、それまで業務用しかなかったものを家の中に持ち込んだ家庭用ゲーム機や家庭用録画機などは、アミューズメント分野に関して、空間と時間の制約を取り払うことになった。日本企業はこの成功モデルを追い続けているが、社会が豊かになるに伴い成功は難しくなる。技術起点の商品の壁といわれる現象である。

翻って、日本は少子高齢化に関連した多くの社会課題は存在するが、課題解決の先のビジョンには乏しい。日本企業にはビジョン抜きで過去の成功体験をベースとした継ぎはぎ的な活動が多い。ビジョンから入ってデザイン思考で組み立てることができていないのではないかとの指摘も受けた。要は、日本の問題は、真のペインポイントが見出されていないことであり、ある程度のリスクを取ってでも取り組むべき課題やその先のビジョンが実は設定されていないのではないかということである。

いままでの日本のやり方は、技術の実証であった。昔は、よい技術であれば売れるという時代だった。いまでは、高スペックの相対的価値が小さくなった。プロダクトは技術開発部門がつくるのではなく、よりエンドユーザーとともにつくり上げていく時代になった。ウーバーもアプリケーション自体はただのマッチングアプリであるが、一方でユーザーインターフェースがよくできている。自家用車を持たなくても不便なく、不快感なく移動できる。評価システムにより運転手もよくなっていく。

中国のライドシェア自転車はタイヤに空気が入っていない。事業者にとってのシェアライド運用の最大の課題はパンク・修理である。中国のライドシェア自転車はゴムの塊のようなタイヤなので乗り心地はよくないが、ある程度の距離ならばユーザーはそこまで乗り心地を気にしない。パンクで使えない方が不便であり、このユーザー目線を理解している。典型的な日本企業ならば、技術から入るので、絶対にパンクしないタイヤをつくり、結果コストが合わず失敗するパターンなのではないか。

ビジョンとして「世界のみんなが求めるもの、社会が求めるきわめて切迫したニーズ（人々の真の幸福に寄与するか、痛点をついているか、生死に関わるかなど）に応えるものは何か」を考えて事を起こし、ユーザーと共創すれば、社会実装はおのずと進むであろう。必要な技術は必ず手に入るのであるから。なければそれをつくり出す力が日本にはある。

失敗事例の中にある潜在テーマ

一方、浸透・定着しなかった主な要因は、成功要因の裏返しが多い。特に多いのは「戦略的な取り組みの欠如」「古い発想、過去の因習、規制の呪縛」「利便性などメリットを訴求できなかった」「リスクを過大視し回避できなかった」などである。また改めて示すまでもなく、ニーズとの乖離、個別最適追求、なども重要な視点である（図表1-5）。

なお、今回、「失敗（現在浸透・定着していないもの）」と取り上げたものは、あくまで現時点での普及度合いを念頭に置いた断片的な判断であり、実はこのなかには未来の社会変革を引き起こしうる潜在テーマも含まれ

図表1－5：三菱総研社員の考える社会実装の失敗要因

	要因数の分布									
成功要因の分類	利便性などメリットを訴求できなかった	強いリーダーシップがなかった	全体最適に徹することができず賛同なし	危険・危機回避の切迫感なし	誰でも使える容易性なし	戦略的な取り組みが欠如	費用対効果の高さを原動力にした	そのとき(少し先)の時流に乗れなかった	発想が古い・過去の因習・規制の呪縛	リスクや抵抗感が大きかった
①実装される側の要因（市民、生活者、国民）	13	0	1	0	5	0	3	0	3	12
②実装する側の要因（企業、業界、行政）	2	5	7	1	1	5	1	1	1	3
③社会的な要因	0	0	0	1	0	0	0	0	14	3
④技術的な要因	1	0	1	0	2	1	3	0	0	0
⑤政策的な要因	5	4	7	1	1	19	2	1	8	4
⑥ビジネスモデルの要因	3	0	0	0	1	2	1	1	1	1

注：表の右の２列は「失敗事例」固有のもの。上記の数値は成功要因数であり同一要因の回答は取りまとめたので回答数とは一致しない。表を横に見て顕著な要因の個所をハイライトした。

出所：三菱総合研究所

ている可能性がある。現在埋もれているものは、何らかの実装に至らない理由があり、それが変わればお宝に変わるかもしれない。たとえば、行政ＤＸ・医療ＤＸ、さらにマイナンバーカードなどは、過去のしがらみを断ち切る政府の決断と強いリーダーシップ、さらには利用者の目に見えるメリットを強調できるものとの合わせ技を絡める戦術などにより普及推進する可能性があるともいえる。

社会実装の阻害要因としての「分断」

総括すると、社会実装には、「実装される側の要因」「社会的な要因」「政策的な要因」がそれぞれ存在する。実装される側からみて、利便性のニーズ（社会的な価値）にどこまで応えられているか。社会的にみて、発想の古さや規制からの脱却はできそうか。政策的な面からは、定着のための戦略（社会的な需要性や比較優位性など）は見通せているか。これらが成否のカギ（チェック項目）になりそうである。

以上の話は、社会実装成功に向けての事例の整理である。言うまでもなく、アンケート結果は物事の表層を捉えたに過ぎない。各種の失敗要因は判明したとして、その背景に何があるのかを追求しなければ本質的な解決には至らないであろう。

たとえば「メリットを訴求できなかった」のはなぜか。また「全体最適に徹することができなかった」のはなぜか。さらに「過去の因習や規制の呪縛」にとらわれたのはなぜか。

ここから先は我々の作業仮説になるが、こうした現象の背景には、さまざまな「分断」があると考える。「組織内の分断」「組織間の分断」「政府と企業の分断」「経営と現場の分断」「社会ニーズと商品・サービスの乖離」などである。具体的には、新しい時代の風と過去に縛られたもとでやろうとしていることの差異・分断、リスクを重視する人と前に踏み出そうとする人との分断、全体最適でなければ社会実装できないのに個別最適に進もうとする視野の分断、消費者・ユーザーと供給者の分断、国民・市民と行政との分断、行政内の壁による分断などである。

本書の狙いは、こうした分断をいかにして再結合するかを示すことにあるが、その前に、次節では分断の最たる例として挙げられることの多い「研究開発と事業創造」の間の谷間について分断の生じる理由を明らかにしておきたい。これは以前から「デスバレー」の名で論じられていた問題でもある。

3 研究開発と事業創造の谷間

社会実装の観点から見た国のプロジェクトの評価

社会実装とは、狭義には研究開発の成果を製品化し市場に送り出すことである。そして、市場においてその製品が一定のシェアを占め、より豊かな社会の創造に一定の貢献をすることである。

こうしたプロセスのなかで、大きな役割を担ってきたのが政府研究開発プロジェクト、いわゆる「国プロ」であることは論を待たない。国プロとは、一企業では担いきれないような規模あるいは内容を持つ研究開発を、国の予算を投じて支援するものを指す。通常は複数の企業がチームを組成して研究開発を行う。ところが、この国プロが近年、社会実装に本当につながっているのかを見直す動きが出てきている。

国の各省庁では、所管プロジェクトの追跡調査を行っている。経済産業省の所管のプロジェクトに関しては、令和2年度の報告書が公開されている（令和2年度産業技術調査事業 研究開発事業終了後の実用化状況等に関する追跡調査・追跡評価報告書）[注1]。同書はプロジェクト自体の成否には必ずしも触れていないが、興味深いデータがいくつか提示されている。たとえばこの年に調査対象とし回答のあった案件の24・6％が現時点でも「事業化に至らず、もしくは当初目的を達成できずに中止・中断」になった。41％の案件が研究開発事業の開始時に事業目標（アウトカム）を設定しなかった。その設定していたもののなかで見ても、アウトカムを設定したのは、事業部門（23％）よりも研究開発部門（52％）の方が多かった。27％の企業が、想定ユーザーや事業部門との意見交換を行っていなかった。

また、環境省の所管プロジェクト評価レポート[注2]「環境研究・技術開発推進事業追跡評価事業」をみると、課題研究の成果（製品開発・技術開発分野のみ）は現在までに、約5割が実用化（見込みを含む）されている。一方、実用化の見込みがないものは、25・7％であった。その理由として、研究開発資金の継続が困難、コストの問題とする意見がそれぞれ3割を占めた。

奇しくも、両省庁とも所管した国プロの約4分の1が実用化の見込みがなかったということになる。これに関してはいろいろな見方がある。中断が4分の1しかないというのはむしろ問題だという考えが一つ。実証実験中や結果の評価が甘く、本来中断すべき案件を継続しているのではないかとの考えである。新たな事業の創出は多産多死が常識で、不必要なものまで生き延びさせたがために、本来はもっと多くの新しい案件にトライすべきところが逆にできなくなっているのではないかという危惧である。

注1：https://www.meti.go.jp/meti_lib/report/2020FY/000140.pdf
注2：https://www.env.go.jp/policy/kenkyu/suishin/kadai_hyouka/tsuiseki/h24tsuiseki_chap1.pdf

さらに、本来社会実装を目指すべき国のプロジェクトの実施に当たり、それを行う企業が「研究開発部門内に閉じている」「想定ユーザーや事業部門との意見交換を行っていない」ものが多数存在していたことは、世界の潮流のなかでは常識外の状況である。

一方で、そもそも実証実験などの目標が低過ぎるのではないかとも考えられる。わが国では、「実証実験まではうまくいくがなかなか社会実装（事業化）されない」という声をよく聞く。本来、実証実験の目標は、自律的に社会実装できるところに設定すべきである。

非常に単純化して考えると、「便益（ベネフィット）／リスク」や「(便益）ベネフィット／コスト」「限界効用／限界費用」がある一定のしきい値を超えると自律的な展開が起こる。すなわちその事業はビジネスとして持続的に拡大する。わが国の実証事業は、ここ

図表1－6：実装実験が社会実装に結びつかない原因─そもそも目標の立て方が誤っていた─

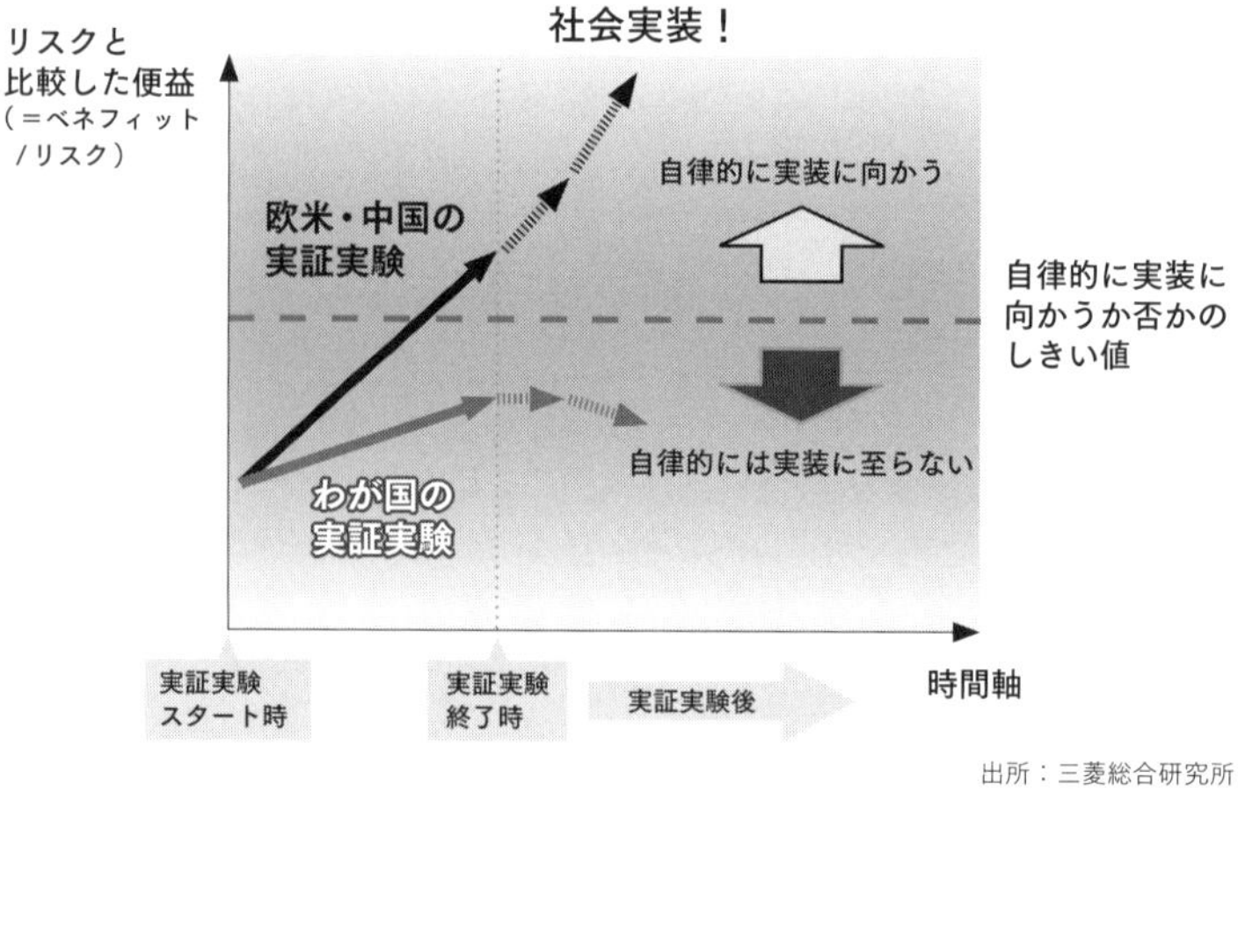

出所：三菱総合研究所

までを目標に設定していないのではないだろうか？　これでは、実証実験の目標値をクリアできても、実装されないのは当たり前である（図表1-6）。

一方で、民間の立場からの評価もある。経団連はICTの利活用に関する提言のなかで「電子行政、医療、道路交通分野等においては、こうしたICT利活用の実証実験が行われているが、実験にとどまり、実用化に結びつかないケースも見受けられる。無駄を徹底的に排除したうえで、実用化に必要な法令の見直しを行いつつ、トップダウンによる選択と集中に基づいた予算投入を行う必要がある」と述べている（日本経団連：ICTの利活用による新たな政府の構築に向けて(注3)）。同提言は、外的要因と意思決定システムにその要因を見出している。

企業における事業創造の課題

日本の大企業ではイノベーションは起こらないとよくいわれる。確かに、多くの企業が新事業を模索し、IoTやAIで何か起こせないかと検討・試行するが、所期の期待どおりの成果を生み出すことがなかなかできないのが実態である。その原因としてよく指摘されるのが、日本人および日本企業のリスク回避性向と、その背景としての社会システムである。

米国では、多くのベンチャーが生まれるが、成功するのは一握りの人たちだけである。それ

注3：2009-11-17 keidanren.or.jp

でも何回も起業にチャレンジする風土が特徴である。また、欧州はイノベーションには縁がないと思われがちだが、多くの新事業・新製品が生まれていることはあまり知られていない。内部から出てきたアイデアを企業が管理しながら育てていく企業内イノベーションが多いのが欧州の特徴である。

米国と欧州のアプローチは異なるように見えるが、共通するのは「多産多死」である。米国ではダメなアイデアは自然淘汰され、欧州では企業が捨てていくのである。

欧州でも米国的な政策を取る国がある。スウェーデンの単位人口当たりの起業数は日本の4倍以上。傾きかけた企業を救うのではなく、新たな産業構造へ転換させるのがスウェーデン政府の方針でもあり、このような「変化を促す土壌」がイノベーションを生み出すのだと言われる。

本書では、これらの見方を否定するものではないが、国プロの事例で見た通り研究開発と社会実装の分断という現象に注目したい。これは、企業内で研究部門と製造や営業の部門が共通目的を持って統合されていないということであり、国レベルの研究開発でも研究開発それ自体を目的とする集団が組成され、成果を社会実装につなげるプロセスが用意されていない事例が少なくないということに端的に表れている。多産多死を言う前に、多産自体が実現していないのである。

このことは、以前から「デスバレー症候群」や「ダーウィンの海」として論じられてはきた。しかし今日に至っても、研究開発と社会実装を取り結ぶ具体的かつ効果的な方法論は実行されていない。

後半の章で詳しく論じるが、これは組織論に根付く深刻な課題である。事業を行うには組織を細分化して責任範囲を明確化しなければならない。組織評価も組織ごとの目標達成度でなされることが基本である。その結果、組織は個別最適を追求することになり、研究開発も製造も営業も全体的なサプライチェーン、あるいは企画・研究開発から社会実装に至る価値創造プロセスの全体像を意識することなく、ひたすら個別最適を追求し続けるメカニズムを持たざるを得ない。

本書は、この問題に注目して、その課題の解決方策を探るものである。ただ単純に米国型、欧州型を輸入して済む問題とは思われない。そこで、迂遠なようだがまずは近年における日本人の価値観やその傾向をまず一瞥し、そのうえで実践の方策を考えてみることとしたい。

海外事例に見る事業創造の課題克服策

サイロ・イフェクトを克服する横通し活動すなわち共領域の形成は、研究開発や実証事業の成果を社会実装につなげるための世界的な課題である。以下では主にフロンティア・テクノロジーなど先進技術を対象として、わが国の参考になりそうな海外の4事例を紹介する。先進技術が社会で広く利用され、その製品の導入以前にはなかった新しい価値が社会にもたらされたような成功事例だけでなく失敗事例も取り上げた。

最初の事例はイギリスのコネクテッド自動運転車（CAV）実用化の取り組みである。政府はあらゆる供給側のステークホルダーが一般市民のニーズに応え、信頼を得ながらプロジェクトを進められるように「パブリック・エンゲージメント」という取り組みを推進した。これはまさに、我々が唱える「共領域」を形成する取り組みである。

2番目と3番目にはパーソナルモビリティ革命で対照的な結果となったセグウェイとキックボードを取り上げた。セグウェイは自社生産にこだわり量産できず高価格となり、ユーザーの囲い込み戦略に失敗した。電動キックボードは、利用者や地域住民、自治体との協働を重視しシェアリングエコノミーの潮流も活かして成長している。「共領域」の活用が事業成長をもたらす好例と言える。

4番目には中国のドローン企業DJIを取り上げた。DJIはフライトコントローラーからハードウエアまでを自社生産し知財を守る一方で、アプリケーション部分はオープン戦略を取り外部開発者の創作を支援するさまざまなソフトウエア開発キット（SDK）までリリースしている。DJIが提供したSDKは世界的な開発者コミュニティを生み出し、イノベーションを促してDJIを大きく飛躍させたことは「共領域」の一つの形として特に注目したい。

【事例研究1】英国のコネクテッド自動運転車（CAV）実用化への取り組み

一般市民との対話を重視した産業戦略

英国政府は新技術を普及し自国産業の国際競争力を高めるためには利用者の技術的信頼を勝ち取ることが必要としている。この考え方に基づき、自動運転車に関しても産業戦略の一環である「交通の未来（Future of Transport）」プログラムを用いて公的機関、民間企業、非営利団体などが一般市民との間でさまざまなやり取りを行いながら開発を進めている。

世論調査の実施

同プログラムでは運輸省（Department for Transport：DfT）により2017年から20年まで6回にわたり国民の交通に関する世論調査が実施された。この世論調査により、一般市民の自動運転車に対する意識や期待するメリット、利用したい機能、不安要素などが詳細に把握された。

市民対話とその成果

運輸省は2019年、世論調査結果をベースに市民対話（public dialogue）を実施した。このとき用いられたスキームは「Sciencewiseプログラム」と呼ばれる。これは科学技術に特化したパブリック・エンゲージメント・プログラムであり、政策立案者の戦略策定と実行を支援するため2004年に開始された。運営は政府と民間の専門機関が共同で行っている。これまでCAVのほかにドローン、データサイエンスの倫理の分野で対話プロジェクトが行われており、さまざまな成果が報告されている。

たとえばドローンのワークショップ（2015年）では政府が安全規制のヒントを、民間企業は規制要件とトレーニング要件に関して気づきを得た。また市民対話は消費者が新しい技術に触れる機会でもある。CAVでは市民がシミュレーターや自動運転ポッド、高度に自動化された車に試乗し、自動運転技術を体験する機会が設けられた。

CAVの市民対話は2019年に英国内の5地点で合計15回にわたる対話ワークショップとして開催された。各対話の参加者には百数十人の一般市民と運輸省などの政府関係者のほか、自動車関連メーカー・業界団体、学術専門家、その他の関連団体らが含まれた。

一連のワークショップでCAVに対する参加者の意識から4つのテーマが特定された。

1　安心・安全：技術の信頼性、データの安全性、交通安全、車両試験、個人の安全など

2　移動の自由：交通サービスおよび長距離移動の管理、信頼性など

3　公平性：障害とモビリティ、手ごろな価格、利用に対するその他の障壁の克服など

4　説明責任：司法、保険、ライセンス発行、過失の確立、説明責任の所在など

トライアル促進による技術の実証と国民との信頼関係の構築

ＣＡＶに関するSciencewiseプログラムの第三の取り組みは技術の完成度を高め、それを消費者の目に触れさせるための「トライアル」と呼ばれる活動である。技術実証のほか、市民や保険会社などさまざまなステークホルダーの新技術への受容性を高め、信頼関係を構築することが目的となる。

２０１７年から19年の30カ月間、政府支出を含む１３６０万ポンド（約20億円）を投じて行われた「DRIVEN」プロジェクトはその一環である。保険やサイバーセキュリティ、データプライバシーの問題など商業利用で懸念される主要な障壁を取り除くことが目的とされた。実施したのはオックスフォードを拠点とするＡＩ企業、オックスフォード大学、移動通信事業者、州議会、ロンドン交通局などからなる産官学コンソーシアムである。同プロジェクトにより自動運転車がロンドンやオックスフォードの複雑な都市環境下の公道でスムーズかつ安全に走行しうること、また運輸省とロンドン交通局のトライアルに関す

写真1：市民対話ワークショップ（自動運転車試乗体験）

出典：Traverse（注6）

写真2：Oxford市街を走るOxbotica社の車両

出典：GOV.UK（注7）

る規則やガイダンスを完全に守って合法に走行できることが確認された。(注4)

同じく英国政府の支援を受け2019年10月からロンドンで行われた「StreetWise」プロジェクトは自動運転によるパーソナルモビリティの実証と保険およびサービスモデルのデモンストレーションである。(注5) 自律走行ソフトウエア企業、F1チームのイノベーション部門、自動車個人保険大手、公共交通サービス大手、オックスフォード大学、ロンドン交通局などのコンソーシアムが実施した。自動運転車に乗車した消費者に事前の期待と実際の体験を比較評価してもらい、消費者の懸念をどのように克服すれば自動運転車の受容性が高められるかについての知見が得られた。

注4：DRIVEN, "Driverless cars take a step forward by showing how they can operate safely in London", https://drivenby.ai/2019/10/02/driverless-cars-take-a-step-forward-by-showing-how-they-can-operate-safely-in-london/

注5：UK Research and Innovation, "StreetWise", https://gtr.ukri.org/projects?ref=103700

注6：Traverse, "Department for Transport (DfT): Public Dialogue – Connectedand Autonomous Vehicles", https://traverse.ltd/recent-work/case-studies/department-transport-dft-public-dialogue-connected-and-autonomous-vehicles

注7：UK government, "Oxbotica: AI firm develops 'brain' for autonomous vehicles", https://www.gov.uk/government/case-studies/oxbotica-ai-firm-develops-brain-for-autonomous-vehicles

【事例研究2】

セグウェイの失敗

セグウェイ・パーソナル・トランスポーター（Segway Personal Transporter、以下セグウェイ）は2001年にベンチャー企業DEKA社が発売した電動立ち乗り二輪車である。その革新性で世界的な注目を集めたが、最終的に販売台数はそれほど伸びなかった。

シリコンバレーが注目したパーソナルモビリティ

セグウェイは電動キックボードの一種だが、2つの平行な車輪がプラットフォームを支え時速は30〜40キロ、またオフィスビルの廊下のような非常に狭い場所でも操作することができた。直感的な操縦を可能とする革新的な機能が搭載されていたうえ、電気エンジンの音が静かで耐久性があり、コンパクトであった。こうしたことが評価され大手ベンチャーキャピタルのパートナーが3800万ドルを出資したことなどが話題になった。

発売当初は物流の配送センター、国立公園などの屋外施設、ショッピングモールや企業の屋内空間など、混雑した狭い場所で従業員が迅速に移動する企業に人気が出て大企業の顧客がまとまった台数を購入した。

販売台数は伸びず20年で生産終了

しかし、セグウェイの販売はすぐに予想を下回った。DEKA社と投資家は週1万台の販売台数を見込んでいたが、20年間の累計で約14万台にとどまった。(注8)

DEKA社の創立者は2009年に同社を英国人投資家に売却。さらに同社は2015年には中国の電動バイク製造企業に買収され、2020年にセグウェイの生産終了を発表した。

斬新なアイデアが事業化に失敗した原因

電動キックボードの隆盛で明らかなようにパーソナルモビリティへの需要は底堅いはずだが革新的技術のセグウェイはなぜ失速したのか。

まず事業環境が悪化した。2000年のITバブル崩壊の影響で顧客企業は予算を削減し発注が減少した。やや時代に先走っていた部分もある。発売当時、地域によっては自転車専用レーンさえ整備されていない状態であったことから、公道におけるセグウェイの走行を危険視しこれを規制する都市もあった。

しかし最も大きな問題は価格にある。DEKA社の創業者は公共交通機関の駅から最終目的地までのラストワンマイルに利用されるパーソナルモビリティとしてセグウェイが革命を起こすというビジョンを描いていた。しかし1台5000ドル(50万円強)という価格はすべての消費者が気軽に購入できる価格ではない。セグウェイが経験豊富な自動車メーカーにライセンスを供与せず自社で生産を続けたことが決定的な要因である。

注8：Bloomberg, "Lessons from the Awkward Life and Death of the Segway", https://www.bloomberg.com/news/articles/2020-07-15/rip-segway-the-dorky-grandfather-of-micromobility

【事例研究3】

電動キックボードの普及

専用のステーションを持たず乗り捨てが可能なドックレス電動キックボード（以下、キックボード）のシェアリング事業は２０１７年９月にカリフォルニアで創業されたＢｉｒｄ社が起源とされる。同社によれば、創業から１年以内に米国１００都市で事業を展開、ユーザー数は２００万人以上に達した。２０１８年末までに、ＢｉｒｄとＬｉｍｅの主要２社は合わせて10億ドル以上の投資を受けそれぞれの評価額は20億ドルを超えた。

ベースとなった自転車シェアリング

キックボードのシェアリング事業の発展は、シェアードモビリティの先行者つまり自転車シェアリングの成功のもとに成り立ったといえる。１９９０年代後半に欧州で始まった自転車シェアリングサービスは、２００５年になって本格的に普及し始め、米国では２００７年にオクラホマ州タルサ市で初めて専用駐輪スペースを拠点とするドック型の自転車シェアリングプログラムが導入された。その後、２０１０年ごろから急成長し、２０１９年には60のプログラムが運営されていた。

シェアリングエコノミーの潮流に乗る

社会変革を巻き起こす可能性を秘めているシェアリングエコノミーのビジネスモデルがキックボード企業に大量の民間資金を呼び込み、事業拡大を後押しした点も重要である。大量の投資資金が流入したことで、ＢｉｒｄやＬｉｍｅは、低収益でも急速にサービスを拡大することができた。

規制が追いつく前にすばやく展開

他の要因として「パーミッションレス・イノベーション（permissionless innovation）」であることも指摘しうる。このサービスへの規制がなかったため、起業家たちがすばやく事業を展開して社会実装が促進される事例であり、ＵｂｅｒやＡｉｒＢｎＢと同じである。これらの「シェアリングエコノミー」企業は、法律の曖昧さを利用して、私有財産（住宅、自動車、スクーター）の所有者に、需要に応じてその財産を貸す権利を与えたと言える。

サービスが普及してきた現在では世界的に多様な規制が生まれつつある。サンフランシスコ市はキックボードサービスには市の許可が必要と定めた。カナダのオンタリオ市議会はカナダ運輸省に対しマイクロモビリティの安全性、試験、アクセシビリティに対する基準の整備を要求している。デンマークのコペンハーゲンは市の中心部でのシェアキックボード利用を禁止している。中国では基本的に私有地内でしか使用できない。

テルアビブでの官民協働

パーミッションレス・イノベーションの長期的展開を考えるうえで参考になるのはイスラエルでの動きである。テルアビブ市はＢｉｒｄが米国以外で事業展開対象として最初に選んだ都市の一つである。新技術への受容性が高い一方でユダヤ教の安息日（土曜日）に公共交通機関が運行しないことなどから代替的モビリティが求められている。

Ｂｉｒｄのテルアビブ進出後間もなく、市の当局は自家用車保有台数の削減や脱自動車社会への移行など、同市の重要な目標達成に役立つ可能性があるとしてこの電動キックボードに着目した。そして米国のいくつかの都市に見られるような禁止令や規制を打ち出すのではなく、まず事業者とコミュニケーションを取るという前例をつくった。交通担当副市長は事業者に対して「市内全域をカバーすること」「市とデータを共有すること」「指定の駐車場を守ること」などの明確な条件を提示し、事業者はこれを順守した。この協力的なアプローチが継続され、他の都市では市側と民間事業者が敵対的な関係になる一方、テルアビブでは官民の良好な関係を維持することができた。

政府・自治体による施策

その後、一部で懸念されていたキックボードの安全性を担保することを目的に、イスラエル国家道路安全局（National Road Safety Authority：NRSA）はテルアビブ市と協力して市内の電動キックボードサービスを調査し、課題を洗い出して結果を各社に伝えた。これを受け、各社は利用規約の更新などを行った。また同市では電動キックボードを識別するためのナンバープレートの装着や、ヘルメットの着用を義務づけるほか、人口密集地では速度制限を設けるなど新しい法律も導入されている。官民が「共領域」を模索することにより着実に新たなモビリティ手段の導入が進められていると言えよう。

写真3：イスラエル・テルアビブの電動キックボード

出典：Gov.il（注9）

注9：Israel National Road Safety Authority, "Significant Improvements in Tel Aviv's E-Scooter Sharing Apps Expected to Increase Road Safety Worldwide", https://www.gov.il/en/departments/news/20201206_micromobility

【事例研究4】

深圳発　民生用ドローン市場の覇者DJI

米国などで当初は軍事用に開発されたドローンは、農業、配送、空撮業務といった産業用途のほかに、2010年代には消費者向けの開発が進んだ。現在この民生用ドローン分野で世界シェア7割超を有するといわれる最大手が、中国広東省・深圳市を拠点とするSZ DJI Technology（以下DJI）である。

深圳という地理的な利点

2006年設立のDJIは、世界の電子機器製造の中心地と呼ばれる広東省深圳市を本拠地としてきた。同社の幹部は「DJIは深圳でしか実現できない」という。同市には「才能、リソース、コネクティビティの合流点」があり、ここを本拠地とすることでDJIは同業界のいかなる競合他社よりも迅速に機器を設計・製造することができるというのである。(注10)

同市にはイノベーションを醸成する自由で柔軟なエコシステムがあり、経験豊富なメーカーが多数存在するなど安定したサプライチェーンに恵まれた環境である。また深圳市政府も2013年に発表した「航空宇宙産業発展計画（2013～20）」で、ドローン産業

注10：Drone Business Center, “The Real DJI Miracle”, http://dronebusiness.center/the-dji-miracle-11547/

を重点分野の一つとして掲げ、産業基地の建設支援などさまざまな振興策を実施するとしていた。

フライトコントローラーは自社開発・内製

ＤＪＩはドローンの頭脳であるフライトコントローラーを自社で開発・内製しており、自らソフトウエアのソースコードとプログラムを保持し、自ら更改し続けている。このような体制はフライトコントローラーの開発を外部委託するメーカーのようにシステムのエラーを外部ベンダーが修正したり、次世代でのアップデートを待ったりする必要がないことを意味し、機能改善の変更をタイムリーに行うことができるという点で大きな強みとなっている。

知的財産戦略の重視

ＤＪＩは知財戦略を非常に重視している。最初のドローン製品を発売する3年前の２００９年に知的財産専門部署を設置し、グローバルな知的財産権ポートフォリオの構築を開始した。同社によれば、２０２０年5月時点で４２６０件の国際ＰＣＴ出願を含む1万２９００件以上の特許を出願しており、世界57の国と地域で１５００件以上の商標を登録している。同社の主要市場である米国では、２０２１年4月時点で６００件以上の特許を有している。

このような他社に抜きん出た特許出願・取得件数に加えて、DJIは訴訟コストが膨大である米国で度重なる法廷闘争も繰り広げている。中国の競合会社Yuneec International Co., Ltd.とYuneec USAに対し2016年に米国で特許侵害訴訟を提起した際、「我々は競争を歓迎するが、知的財産の保護に努めている。（UVAの研究開発に対し約10年にわたって行ってきたわが社のこれまでの）投資や顧客との関係を守り、この有望な分野における真のイノベーションを促進していく」と述べている。(注11)

ユーザーによるイノベーションを促すSDK戦略

一方でDJIはアプリケーション部分についてはさまざまなソフトウエア開発キット（SDK）をリリースし、開発者による創作を可能としている。たとえば、Mobile SDKではカメラやジンバルの制御、カメラからのライブ映像やセンサーデータの取得、ミッションの事前設定など、カスタマイズされた機能を持つモバイルアプリケーションを作成できる。DJI SDKを利用してサードパーティが開発した人気アプリケーションには、ロンドンのソフトウエアスタートアップVC Technologyが2015年ごろにリリースした自律飛行のためのミッションプランナー機能を備えたLitchiなどがある。

DJIはさらに、開発者や研究者向けのドローンとして、DJI SDKを利用して完全にプログラマブルでカスタマイズ可能な「Matrice 100」を発売した。2018年にはDJIドローンへのAIと機械学習機能の導入などを目的としてマイクロソフト社と戦略的

注11：DJI, "DJI Files U.S. Patent Infringement Lawsuit Against Yuneec ", https://www.dji.com/newsroom/news/dji-files-us-patent-infringement-lawsuit-against-yuneec

パートナーシップを締結。Windows開発者コミュニティ向けにさまざまな産業用途のためにＤＪＩドローンをカスタマイズして制御できるWindows SDKもリリースしている。(注12)

このようなＳＤＫ戦略はＤＪＩと外部開発者との共領域を形成するものと言える。この戦略により世界の開発者コミュニティが、ＤＪＩのハードウエアと互換性のあるアップグレードやアプリケーションを開発することができ、外部のイノベーションにより自社製品の人気をさらに高め、それにより、さらに多くの開発者を魅了し優れたアプリケーションの開発を促進するという好循環が生み出されている。

固有技術を守り共領域を展開し独り勝ち

ＤＪＩは、その技術力およびイノベーションに有利な深圳の環境を活かしてこれまでの問題すなわち一般ユーザーが簡単に取り扱い可能で高品質が楽しめるドローンの不在へのソリューションとして画期的な製品を生み出してきた。製品の心臓部分に関する知財を厳重に守る一方でアプリケーション開発にはＳＤＫの提供などによりサードパーティの創造性を喚起して利用者への訴求力を高め市場を独占するに至っている。共領域からの新・戦略として一つの典型的な事例と考えられる。

注12：Microsoft, “DJI and Microsoft partner to bring advanced drone technology to the enterprise”, https://news.microsoft.com/2018/05/07/dji-and-microsoft-partner-to-bring-advanced-drone-technology-to-the-enterprise/

4 未来への日本の可能性

前節でいくつか概観した海外事例では、イノベーションの開発者が受容者や共同開発者と適切にコミュニケーションを取ることに多くの努力を行っている傾向が見て取れた。日本でも開発と社会ニーズの乖離、研究開発と商品開発の間の溝、研究開発から製造部門への引き渡しなど、さまざまな局面での連携の悪さを改善していく必要がある。

これから先、イノベーションを目指して引き続き膨大な研究開発費を投入し続けたとしても、それが社会実装につながらないとすれば無駄な投資が増えるだけである。このような状況を打開するためには、いま見られる組織間、個人間、研究開発と事業化との間の断絶、分断を何らかの形で埋めなければならない。いわば、分断を克服する紐帯の創出こそが求められている。

このとき、その紐帯はおそらく文化的な背景を理解し、広く共有された価値観に沿うものであることが重要である。現代の日本人が重要と思っている価値観に基づいて施策を繰り出さない限り、分断解消策は実効性を持たないだろう。

ここでは、以上のような考え方に基づき、日本の歴史的な背景を振り返りつつ、社会実装の観点から日本および日本人のこれからの可能性を探ってみたい。

歴史に見られる日本の特徴

選択的な先進国からの技術・制度導入

広大なユーラシア大陸の東端の辺境にある島国の日本は、古くは中国、明治期には欧州、戦後は米国といった中原（世界の中心）の大国から社会制度や技術を選択的に国内に導入してきた。たとえば7世紀後期（飛鳥時代後期）には古代中国を参考として律令制を導入しながら宦官や科挙は忌避した。漢字は導入したが独自にひらがな、カタカナを開発した。明治以降の「富国強兵」「殖産興業」の近代化政策では多額の予算を用いてお雇い外国人から西洋の技術を学びつつ英語の公用語化やキリスト教の導入には消極的姿勢を通した。第二次大戦後の民主化政策以降もいわゆる「グローバルスタンダード」を意識しながら日本的な慣行を維持しようとする事象は雇用制度など随所に散見される。このように、日本は独自の社会的・文化的基盤の上に世界の先端の制度や仕組みを選択的に導入し、すり合わせ、融合することにより独自に発展してきた国と言える。

強みとしてのすり合わせと融合

このすり合わせ・融合は、国内産業の特徴でもある。藤本隆宏（注13）は、産業のアーキテクチャをモジュラー型とインテグラル型に分類したうえで、自動車産業に代表される日本の産業の強みを、インテグラル型であるとした。インテグラル型は、製品ごとに部品を相互調整して最適化を行い、結果として全体の機能を最大限発揮することを実現するアーキテクチャである。前述のように、日本は国内外の文化要素をすり合わせ・融合することで新たな文化を形成してきたが、これと同様に産業面でもすり合わせを強みとしてきたと言える。

しかし、DXを実現するデジタル技術は、その逆にすでに設計された既存の部品・製品を組み合わせることで新しい製品を創出するモジュラー型の産業を主流に押し上げている。典型的な例であるパソコンは、マザーボード、CPU、メモリー、ハードディスクなどの汎用部品を組み合わせることで完成する製品であり、そこにすり合わせの要素はほとんどない。大きな投資により製造設備を構築し、スピードと規模を武器として戦うこととなる。モジュラー型では、既存の部品を目的的に組み合わせて新しい機能・性能を生み出すシステムを構築する能力、新しいサービスを生み出すためのビジネス創造力や戦略立案力などが重要となる。このモジュラー型は米国のIT企業が得意とするとされてきたが、韓国、中国企業も同タイプとみなすことができる。

注13：藤本隆宏「日本のもの造り哲学」（日本経済新聞社、2004）

日本の産業がダイナミックに変化する必要性はこれまでにも数多く指摘されているが、それはインテグラル型を捨ててモジュラー型に転換するというだけの意味ではないであろう。日本が得意とするインテグラル型を活かした産業構造の在り方を改めて問い直してみる必要もある。日本企業はインテグラル型を企業内もしくは系列企業などの閉じた系において最適化することを重視してきた。一方、これからの製品・サービスにおいては、異なる産業の企業間、企業とユーザー、他のステークホルダーなどとの高度かつ高頻度な〝すり合わせ〟が市場に新たな価値を創出するとともに製品・サービスの差別化にもつながるはずである。(注14) このような、いわば「高次元のすり合わせ」が新しい日本の産業・技術の価値を生み出せるか、社会実装の観点からも重要となると考える。

「ジャパン・アズ・ナンバーワン」のその後

高度成長期の1979年に発刊されたハーバード大学教授のエズラ・F・ヴォーゲルによる『ジャパン・アズ・ナンバーワン』は、敗戦国である日本が国際社会のなかで自信を持つ大きなきっかけとなり、いまだに語り続けられている本である（**図表1-7**）。

ヴォーゲルは同書で米国が学ぶべき戦後日本の特質を分析し、日本の成功は「勤勉、耐力、克己心、他人を思いやる心といった日本の美徳」ではなく、「日本独特の組織力、政策、計画によって意図的にもたらされたものと」と論じている。さらに、これらの日本の優位性により、

注14：藤本は、日本企業はインテグラル型の強みを活かすべきとしつつ、システムと標準をつくるためにアーキテクチャの共通性で大同団結する発想を産官ともに持つ必要があると指摘している。https://gemba-pi.jp/post-174760

次の10年（1989年前後）まで、その制度を変えることなく発展していけるだけの指導力、団結力、集団の支持を有しているとした。

皮肉なことに、この予測はある意味で当たり、1991年のバブル崩壊まで日本は経済・産業的に「ナンバーワン」の国だったのである。

しかし、その後日本は長いトンネルに入ったまま、「失われた30年」が過ぎた。ヴォーゲルが日本の優位性とした集団主義、中央指導型の体制と社会の仕組みが逆に、いまの日本にとって大きな足かせとなったともいえる。

堺屋太一は、世界が規格大量生産型の工業社会から、多様な知恵の時代（知価社会）への方向転換するなかで、高度成長期以降に規格大量生産に最適化した社会をつくり上げた日本人は「人類文明に裏切られた」と評した。規格大量生産による物質的な豊かさは、地球環境に大きな影響を与えながら日本を含む多くの先進国・中進国が達成した。

図表1－7：ジャパン・アズ・ナンバーワンで示された日本の強み

教育・知識	● 学ぶことへの意欲、読書量 ● 教育の均一性 ● 日常での個人の学習への意欲・知的好奇心
政治	● 実力主義・エリート官僚への狭き門 ● 目標設定と実現への指導力 ● 集団としての団結力・中央集権
企業活動	● 終身雇用制による安定性 ● 仕事以外も含めた生活の柱としての帰属意識 ● 資本の集中投入
福祉・防犯	● 福祉に対する依存度の低さ（家族の役割） ● 市民・世間の協力

出所：エズラ・F・ヴォーゲル『ジャパン・アズ・ナンバーワン』（TBSブリタニカ、1979）より三菱総合研究所作成

「裏切られた」ままではなく、「誰一人とり残さない」次世代に向けた豊かさを実現するためにこれから日本において何が必要か、改めて現在の日本の特徴をグローバルな視点、次世代の視点から見る必要がある。

国際比較に見る現在の日本の特質

日本は政府もビジネスも効率が悪い

世界のなかでの日本の位置づけ、特質を理解するためには、さまざまな調査機関、国際機関、大学などが公表している国際競争力に関するランキングや指標の分析が参考となる。

ここでは、スイスのビジネススクール・研究機関であるIMD（国際経営開発研究所：International Institute for Management Development）が1989年から毎年公表している、「世界競争力年鑑（World Competitiveness Yearbook）」を見てみたい。同年鑑は、国の競争力に関連する統計データと企業の経営層を対象とするアンケート調査結果を63カ国（地域）から収集し、作成される競争力指標である。全分野を合わせた競争力総合順位のほか、四つの大分類（「経済状況」「政府の効率性」「ビジネスの効率性」「インフラ」）ごとの順位、さらに各大分類に5個含まれる小分類（計20個）が国別の順位として公表される。なお、三菱総合研究所は、同年鑑において、日本の統計データ収集の支援を継続的に行っている。

日本は、同年鑑の公表が開始された１９８９年からバブル期終焉《しゅうえん》後の１９９２年まで1位を維持し、１９９６年までは5位以内の高い順位を維持した。しかし、金融システム不安が表面化した１９９７年に17位に急落し、その後は一時的に上昇する年はあったものの、基本的には20位台の中盤前後で推移した。最新版の２０２１年では過去最低の34位まで落ち込んだ２０２０年から順位を上げたものの31位である（ランキングに用いられる指標は随時入れ替えられていることに注意が必要）。ちなみに、２０２１年度版の1位はスイス、10位にアメリカ、16位に中国が位置づけられており、アジアでのトップは世界5位のシンガポール（２０２０年版では1位）である。なお、２０２１年のランキングは、新型コロナウイルス感染症のパンデミックによる経済影響が考慮されたものとなっている。

日本は、四つの大分類について、「経済状況」が12位（２０２０年11位）、「政府の効率性」が41位（２０２０年41位）、「ビジネスの効率性」が48位（２０２０年55位）、「インフラ」が22位（２０２０年21位）である（図表1-8）。国内経済、雇用、科学インフラの項目で高く評価された一方で、政府の財政状況、企業の経営慣行の項目の評価が特に低いことが特徴である。特に「ビジネス効率性」は２０１５年以降、２０２０年まで大幅な順位の下落が続いたものの２０２１年は順位を上げたが、以前として日本の総合順位に大きな影響を与えている。

日本の経営者は自国を低評価

なお2020年版において当社[注15]では、客観的な統計データ（163指標）のみに基づく競争力ランキングと、経営層の意識を示すアンケートデータ（92指標）のみに基づく競争力ランキングを分類別に独自に算出している。この結果、統計データのみから算出した競争力順位を見ると、日本は13位であり、アジア太平洋地域（14カ国・地域）に限れば4位であった。

一方、経営層の意識を表すアンケートのみから算出した競争力順位は43位となる。つまり経営層は客観データに基づく順位よりも自国を低く評価している。

経営層が、統計ベースの集計に比べて日本を低く評価しているアンケート項目に注目す

図表1－8：世界競争力年鑑2019～2021　日本の各指標順位の推移

	2019	2020	2021
経済状況	**16**	**11**	**12**
国内経済	21	9	8
貿易	44	39	43
国際投資	11	9	9
雇用	4	2	2
物価	59	59	61
政府効率性	**38**	**41**	**41**
財政	59	61	63
租税政策	40	41	42
制度的枠組み	24	21	24
ビジネス法制	31	35	34
社会的枠組み	31	29	27

	2019	2020	2021
ビジネス効率性例	**46**	**55**	**48**
生産性・効率性	56	55	57
労働市場	41	45	43
金融	18	18	15
経営プラクティス	60	62	62
取り組み・価値観	51	56	55
インフラ	**15**	**21**	**22**
基礎インフラ	42	44	43
技術インフラ	20	31	32
科学インフラ	6	8	8
健康・環境	8	9	9
教育	32	32	32

出所：IMD「世界競争力年鑑」（2019年版～2021年版）より三菱総合研究所作成

注15：https://www.mri.co.jp/knowledge/insight/20201008.html
https://www.mri.co.jp/knowledge/insight/20201029.html

ると、ビジネス効率性分野（統計15位、アンケート51位）とインフラ分野（統計3位、アンケート37位）が浮かび上がる。社会実装の観点からは、特に科学インフラにおいて研究開発費や研究開発人材数、特許登録数や保有数などの統計項目は1桁順位であり、知識資本は十分に蓄積されていることが示唆される。しかし、アンケート結果では、「イノベーションにつながる研究に関する法整備」「知的財産権の保護」「産学間の知識移転」などの中位から下位グループに属する。ここからも、知識資本を活用する前提となる法制度の整備や産学連携などが進まず、個別要素を連接させる環境整備が不十分なため、豊富な知識資本が有効活用されていないとの認識を経営層がもっていることがうかがわれる。

日本人は余暇と安全を重視し権威を嫌う

もう一つ、世界価値観調査（World Values Survey：WVS）の結果から、日本の特性を見てみたい。同調査は1981年より始まり、日本では電通総研が第2回調査（1990年）から参画をしている。最新の第7回調査では、電通総研と同志社大学により2019年9月に日本でのアンケート調査が行われた。同調査の調査項目は、個人の政治観、経済観、労働観、教育観、宗教観、家族観など290項目に及ぶが、電通総研と同志社大学による日本を対象とした分析レポートでは、仕事、次世代、ジェンダー、自由の価値、メディア、科学、団体・組織、政治、家族、移民、格差、環境vs経済、不正、自国と世界の14のテーマを抽出し分析を行っている。(注16) この結果として、図表1-9に示す日本の9つの特徴を導き出している。

ここで見られる日本人の価値観には、科学技術は尊重し、自身の人生では仕事よりも余暇を重視、自由や平等よりも安全を重視するという特徴がある。またマスメディアに大きな信頼を寄せる一方で国家が権威を振りかざすことを嫌う。これは直近の調査結果であり、しかも国際比較による相対的な特徴である点には留意すべきである。しかし、そのことを前提として読んでも、国民性として「イノベーションの社会実装」を実現しようという意欲に満ち溢れているとは言い難い状況ではないだろうか。

難しいトップダウンのイノベーション

以上、本節のサマリーとして、イノベー

図表1－9：国際比較で見た日本人の価値観「9つの特徴」

1	仕事	「余暇」重視、「仕事」の重要度は国際的に低い
2	ジェンダー	「同性愛」への受容度は、ヨーロッパなどの先進国に次ぐ高い水準
3	自由の価値	重視するのは「安全」＞「自由」＞「平等」。人生の自由度は低いと感じている
4	メディア	マスメディアを信頼。新聞、テレビから「毎日情報を得る」が48カ国中1位
5	科学技術	「科学技術によってより大きな機会が次世代にもたらされる」が8割
6	政治	「政治」の重要度は高いが話題にしない。「国家」に安全を求めるが「権威」を嫌う
7	環境vs経済	「環境保護」と「経済成長」との間で逡巡する人が多い
8	家族	「家族」が重要で信用しているが、両親の長期介護への義務感は低い
9	次世代	子どもに身につけさせたい性質に「決断力」「想像力・創作力」を重視

出所：電通総研ほか「世界価値観調査」（2020）

注16：https://institute.dentsu.com/articles/1706/

ション／社会実装を進めるためには社会や組織に紐帯が必要と考えられるのだが、どうやら日本は知識資本を連接する社会的な仕組みが整っておらず、近年における国民の価値観も他国に比較して仕事を重要視せず、権威に服従する気もなく自由や平等よりも安全を志向する傾向があり、なかなか難しい状況と思われる。

こうした国民的価値観を前提とすれば、イノベーションの社会実装をたとえば政府主導のようなトップダウン型で実現することは困難ではなかろうか。むしろ働く世代とりわけ若い世代が何に関心を持ち、何にモチベートされて組織的・社会的な紐帯をつくっていく可能性があるのかに注目すべきであろう。この点について、次節で見ていきたい。

未来に向けた日本の可能性

寛容さを欠く日本社会

日本が再び輝くためには将来世代（若者：特に20〜30代）が自ら動き、挑戦できる土壌が必要となる。それでは、日本の将来世代は、何に不安と希望を感じているのか、何を変えたいと考えているのであろうか。

まず、世界における日本の状況として、国連の持続可能な開発ソリューション・ネットワーク（SDSN）が毎年公表をしている「世界幸福度ランキング 2021」を見てみたい（図表1-10）。

同報告では、主観的な幸福度のアンケート調査とともに、次の6項目を加味して順位すけし、対象国の世界ランキングを公表している。

1 一人当たり国内総生産（GDP）
2 社会保障制度などの社会的支援
3 健康寿命
4 人生の自由度
5 他者への寛容さ
6 国への信頼度

コロナ禍において調査が行われた2021年度版の対象は149の国と地域で、日本は

図表1－10：世界幸福度ランキング2021／上位10カ国と日本（56位）

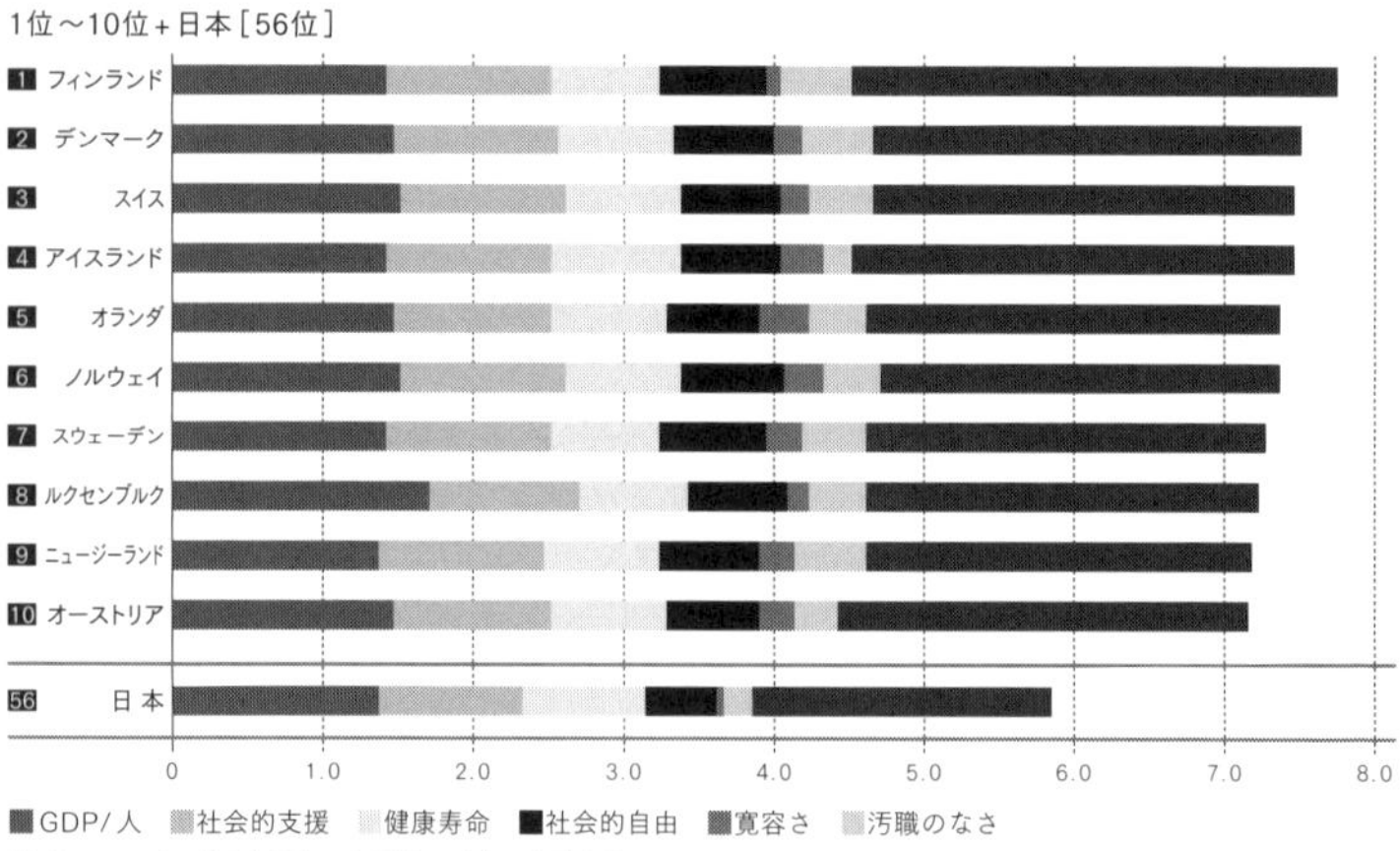

出所：国連「世界幸福度ランキング」2021年版より三菱総合研究所作成

56位でアジアでは台湾（24位）、シンガポール（32位）、タイ（54位）に次ぐ4番目である。一人当たりGDP（名目GDP）では世界ランク23位の日本は、幸福度では先進国では最下位。幸福度においては中流国ともいえる状況である。特に日本は、「寛容さ」が著しく低く、また国への信用度も他国と比較して低い水準にある。高いGDP、長い健康寿命にもかかわらず、社会的なつながりに関しては今一歩の結果と読めるであろう。

若者は自己肯定感が持てていない

ここでもう一つ、将来世代において一つ気にかかる意識調査の例を紹介したい。日本財団では、「18歳」の若者を対象にしたインターネットアンケート調査をさまざまなテーマを題材として継続的に行っている（図表1-11）。

図表1－11：世界の「18歳」は自国の将来がよくなると思っているか　(n=1000)

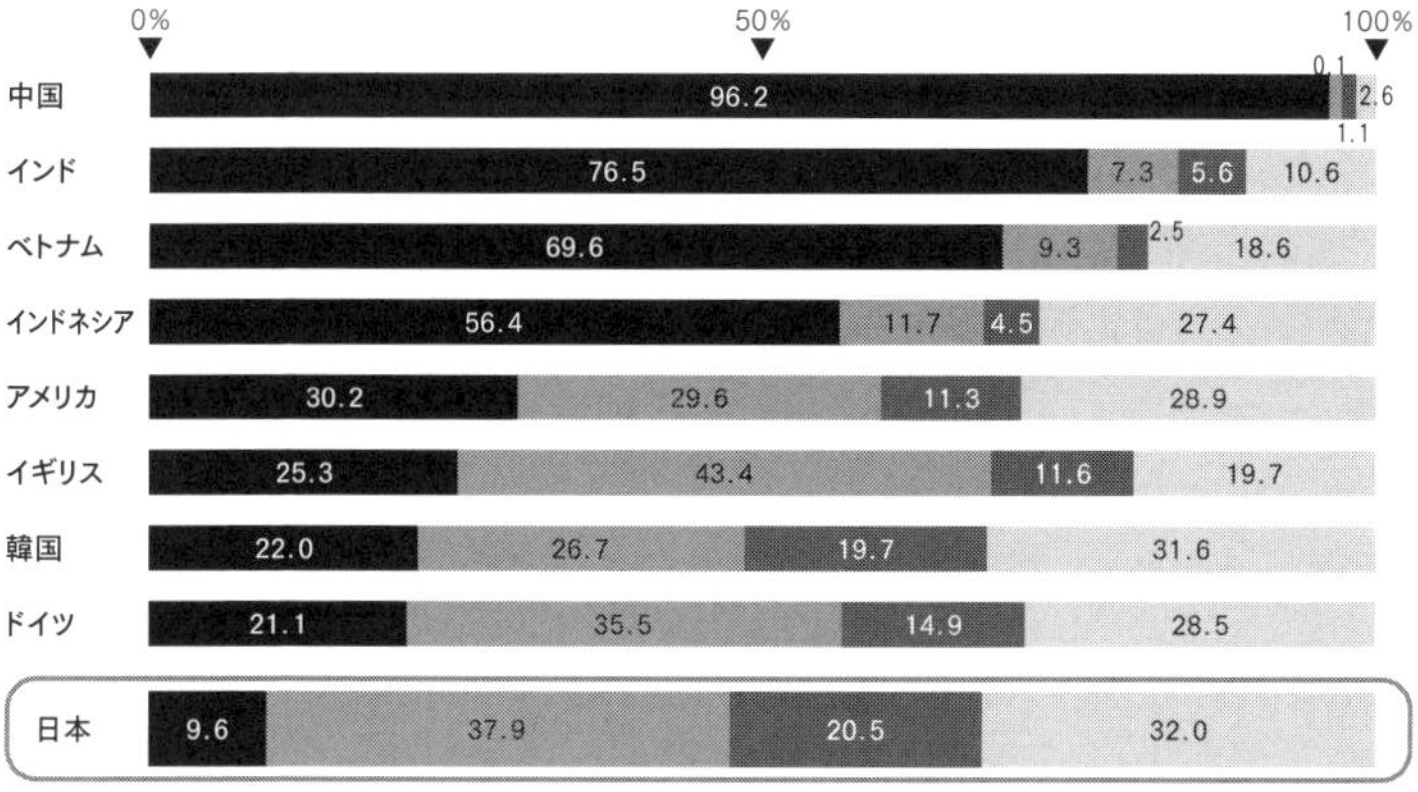

出所：日本財団「社会や国に対する意識調査」（2019年9月下旬～10月上旬実施）

2019年9月から10月にかけて実施された「社会や国に対する意識調査」では、日本を含む9カ国（インド・インドネシア・韓国・ベトナム・中国・イギリス・アメリカ・ドイツ・日本）の17〜19歳を対象に調査実施されている。この調査において、自分の国の将来について「良くなる」と回答した日本人の若者の割合は調査国中で最下位であるとともに、「悪くなる」と回答した割合もイギリスに次いで2位であった。

同調査では、どのようにして国に役立ちたいと考えているかも聞いているが、際立っているのは「国の役に立ちたいと思わない」とする回答の多さ（14・2％）であり、9カ国中でも最多となっている。

この背景として、日本の若者は、諸外国の若者と比べ、自己を肯定的に捉えている者の割合が低い傾向にある。独立行政法人国立青少年教育振興機構の「高校生の生活と意識に関する調査」（平成27年8月）における国際比較を参照すると、日本の若者は「私は人並みの能力がある」「私は自分自身に満足している」は米中韓に比較して最下位である一方、「自分はダメな人間だと思うことがある」「自分は役に立たないと強く感じる」は4カ国で最も高い値となっている（図表1-12）。

内閣府の調査によれば、若者が自己に満足を感じる要因には国による違いがある。諸外国との比較で日本の若者にきわめて特徴的なのは「自分は役に立たない」と感じると自己満足度が著しく低下することである。つまり日本の若者は「自分は役に立っている」と感じることで自己満足度が高まるという、世界的にもめずらしい特徴を持っているのである。

前出のＳＤＳＮの世界幸福度調査で「日本社会は寛容さに欠ける」との結果が出たことと、この日本財団の若者意識調査で日本の若者が「自分は役に立たないと感じ」ており、そのことが主因となって「自分自身に満足」できていないという状況には、通底するものがあるように思われないだろうか。

日本の若者は社会貢献に意欲的

一方、若い日本人が関心を持ち、積極的に取り組み始めたのが社会貢献である。三菱総研のアンケート調査にて、年齢別にボランティア活動や起業活動の実施率を分析すると、ボランティア活動は、１９９０年生まれ（現在31歳）辺りから、若くなるほど高まっている（**図表1-13**）。

また、起業活動も20代女性が活発で、若い

図表1−12：若者の自分への満足感と相関の高い自己意識関連要因

自己意識関連要因		日本	韓国	アメリカ	イギリス	ドイツ	フランス
長所	自分には長所があると感じている	0.61	0.62	0.42	0.50	0.41	0.50
親の愛情	自分が親から愛されている（大切にされている）と思う	0.31	0.46	0.29	0.24	0.24	0.22
主張性	自分の考えをはっきり相手に伝えることができる	0.45	0.48	0.41	0.43	0.37	0.31
挑戦心	うまくいくかわからないことも意欲的に取り組む	0.45	0.53	0.46	0.48	0.26	0.29
刹那的	いまが楽しければよいと思う	0.22	0.50	0.24	0.33	0.23	0.32
有用感	自分は役に立たないと強く感じる（逆転項目）	-0.32	0.18	−	−	-0.08	−

出所：「加藤弘道自尊感情の発達的推移とその関連要因の変化」（内閣府「我が国と諸外国の若者の意識に関する調査（平成30年度）」

ほど実施率が高い傾向にある（図表1-14）。

中小企業庁の小規模企業白書でも就業構造基本調査をベースにして同様の傾向が示されている。近年、20〜30代女性の起業家の割合が増加していることは明らかであり、若い世代が「不寛容な」社会のなかで自ら動き始めている可能性がある。

多くの若者がボランティア活動や起業にいそしむ理由として①ゆとり教育の総合的学習などでのボランティア体験が取り入れなどによる社会貢献意識の高まり、②ＩＴの発達による起業やボランティア活動実施環境の向上、③１９９０年代以降の災害などでのボランティア活動文化の定着、などが指摘されている。一方で、これまで見た通り、若者は自分の周囲に寛容さが欠如していると感じ、自己有用感を満たされることが少ない一方で、社会貢献への意欲はある。このため休日などは勤務先を離れてボランティ

図表1－13：日本人の年齢別ボランティア活動参加率（2020年）

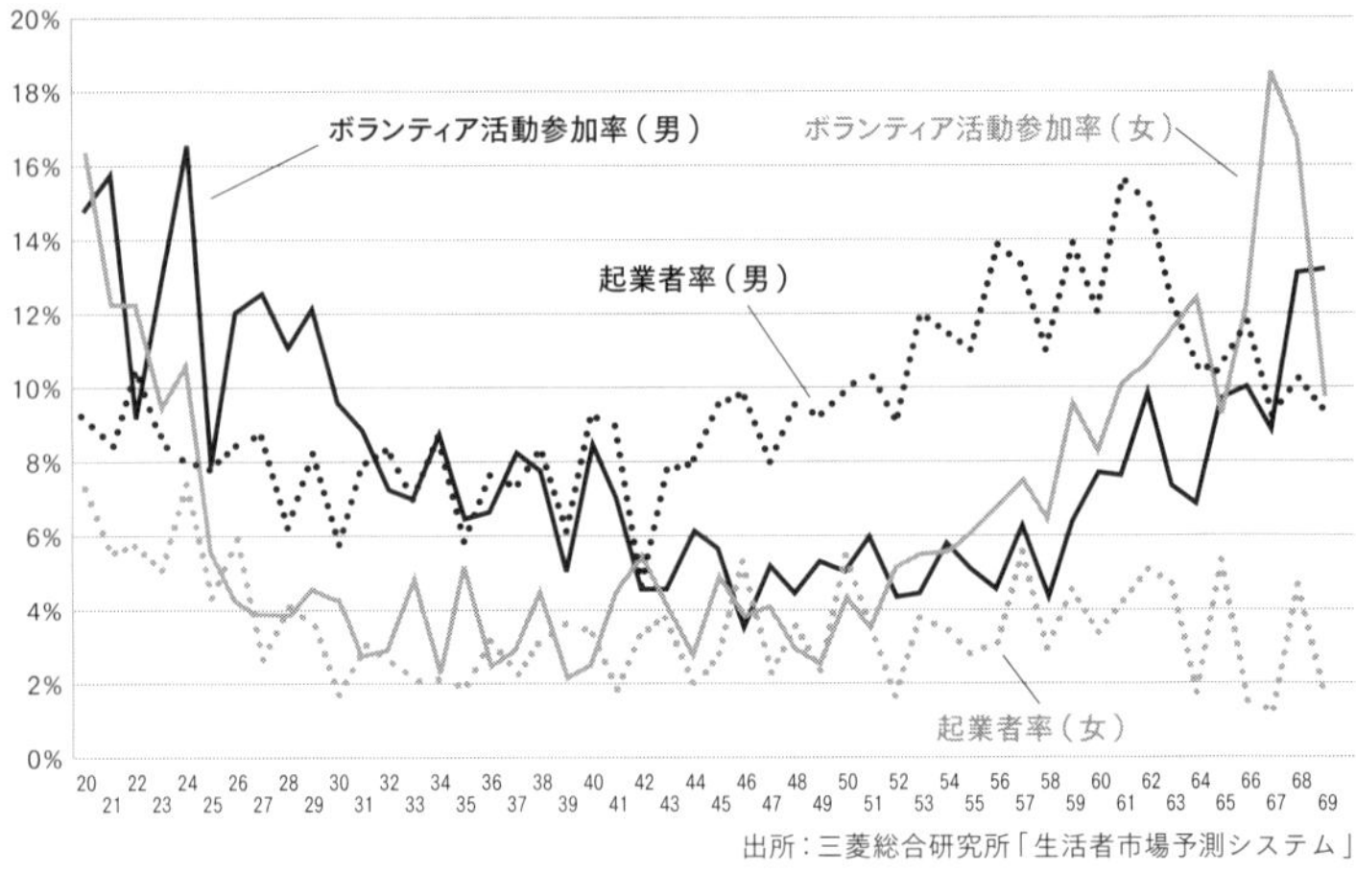

出所：三菱総合研究所「生活者市場予測システム」

ア活動を行い、直接被災者らから感謝を示されることに、喜びを感じていると見られる。
起業については、ちょっとした生活の不便さを事業化している例が多く見られる。ボランティアと同様に、利用者からの直接的な好評や感謝が、自己有用感に関連していると想像される。企業は、こうした純粋な若い世代の思い、すなわち自己有用感の充足と、社会貢献への意欲を企業の内部で実現できるように環境を整えていくことで、事業の展開を図り、ひいては日本の変革をつなげていくことができるのではないだろうか。

なお、日本人の幸福感（主観的ウェルビーイング）の要因に関する当社アンケート調査においても、社会貢献を含む「やりがい」や、他者とのつながりからもたらされる「信頼」を重視することが明らかになっている（図表1-15）。

先に見たように日本人はその時代における先

図表1－14：男女別に見た起業家の年齢構成の推移

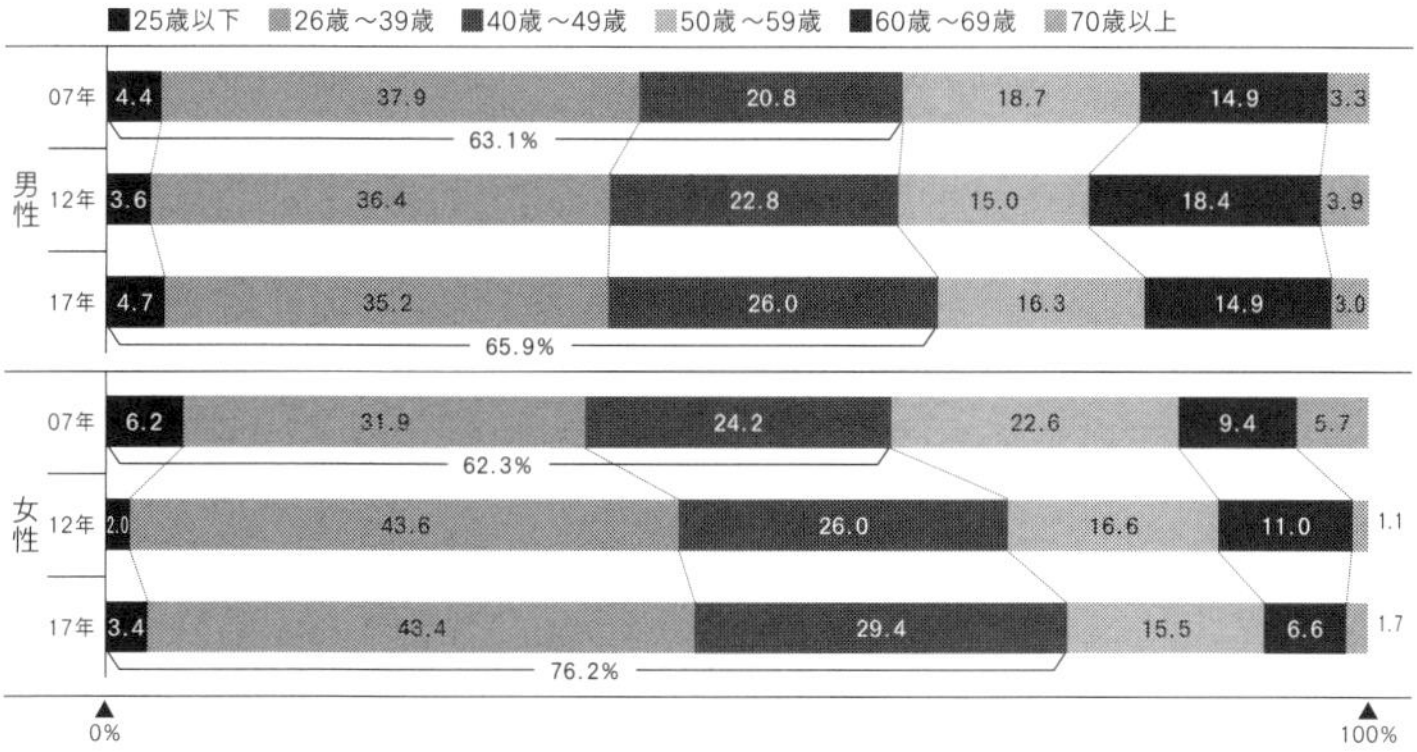

資料：総務省「就業構造基本調査」再編加工
（注）ここでいう「起業家」とは、過去1年間に職を変えた、または新たに職についた者のうち、現在は「会社等の役員」、または「自営業主」と回答し、かつ「自分で事業を起こした」と回答した者をいう。なお、副業としての起業家は含まれていない。

出所：小規模企業白書（2019）

進国の技術や制度を社会の要請に従って選択的に受け入れ、自国の風土のうえでそれらをすり合わせて成功してきた体験がある。本節で概観した「人と社会のつながり」に対する今日の日本人の特性や価値観を参考に、もともと得意な「すり合わせ」のパターンを活かせれば、未来への社会実装に大きなヒントが生まれるのではないか。

「つながり」が社会を活性化する

社会的な豊かさが国全体の経済規模に代表される画一的なものさしで測られた時代から、一人ひとりの個性を反映した豊かさが重要となるこれからの時代においては、社会実装へのアプローチも変える必要がある。政府主導の下での単一目的で同質的な目標を追求する形が必要な場合は残るだろうが、むしろ人と人が直接つながる関係が成立するとともに、ビジョンとインパクトを共有し社

図表1－15：日本人の幸福感を形づくる主要因

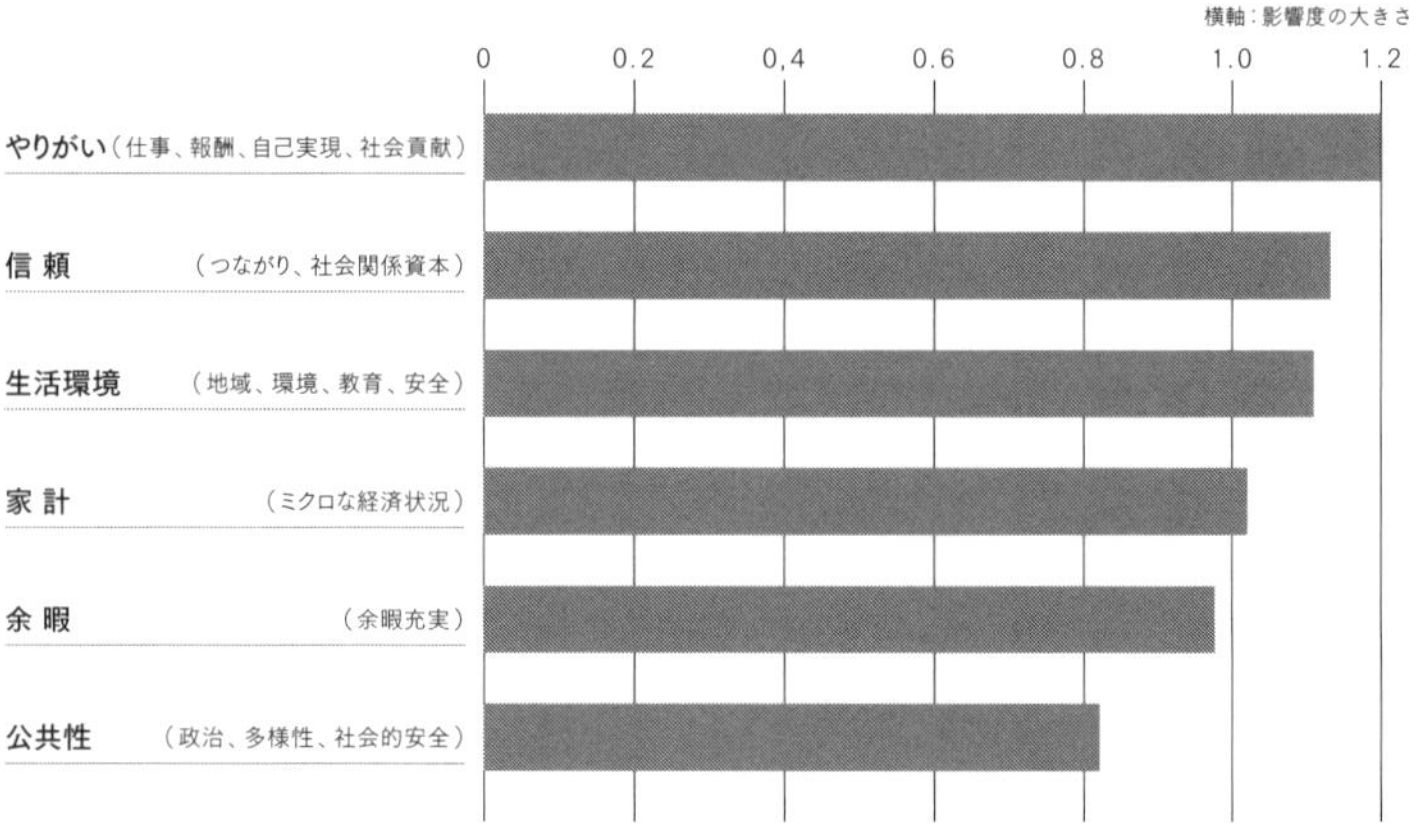

出所：千葉大学と三菱総合研究所の共同研究にて作成

会の仕組みを変えることが比較的容易である地域やコミュニティなどを起点とした「小さな社会実装」の積み重ねが重要になろう。個別の実装を小規模の「実装実験」でおわらせないために取り組み経験をもとに他地域やコミュニティにも横展開し、国レベルあるいは地球レベルでイノベーションを定着させていくイメージである。このようなアプローチを可能とする技術的基盤の代表がＤＸである。

本節で見た通り、研究開発と社会実装の間に存在するとみられる「デスバレー」や「ダーウィンの海」などを克服する日本人に適した道筋は、人と人、組織と組織の間に何らかの「紐帯」を形成するということだと我々は考える。そしてそれは前述の通り信頼や相互承認に基づく能動的なもの、そこで参加者が自己有用感を感じられるようなものであるべきだ、というのが本節の結論である。三菱総研は、そのような紐帯を「共領域」と名づけ、今後の社会経済のキーコンセプトであると指摘してきた。

「共領域」とは林立するサイロを結びつけるものであるが（図表1-16）、具体的なイメージが湧かない方も多いと思われる。次章では、企業活動や社会貢献の動きのなかで「共領域」の事例を取り上げつつ、それらがどのようにして社会実装に結びつくのかを論じていく。

図表1－16：共領域のイメージ図

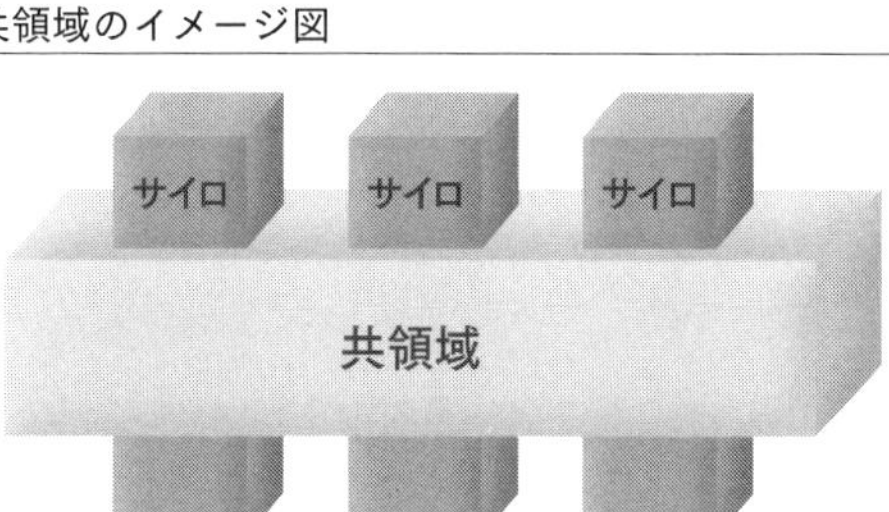

出所：三菱総合研究所

第2部　実践編

1 イノベーションを社会実装につなげるには

共創の重要性

イノベーションのゴールは社会実装

イノベーションは旧弊を断ち、新たな豊かさをもたらす技術的・社会的な転換である。しかし、ともすれば技術的な新規性が重視されてきたことは否めない。新しい技術を開発するだけではイノベーションは完結しない。その社会化が重要であることは先人も強調してきたところであり本書「分析編」で「共領域」を強調した理由でもある。

イノベーションは1911年にオーストリアの経済学者であるヨゼフ・シュンペーターによって初めて定義された。シュンペーターはイノベーションを「経済活動のなかで生産手段や資源、労働力などをそれまでとは異なる仕方で新結合すること」と定義した（板倉宏昭『経営学講義』頸草書房、2010年）。

シュンペーターの定義したイノベーションは、100年以上の歳月を経て、いまでは、新製品の開発、新生産方式の導入、新市場の開拓、新原料・新資源の開発、新組織の形成などによって、経済発展や景気循環がもたらされるとする概念として理解されている。すなわちイノベーションとは単なる技術革新や新たな発見・発明ではなく、社会に新たな価値や変革をもたらしてこそ初めてその目的を達成する。換言すれば、社会実装による社会変革こそイノベーションのゴールであり目的である。本章では、社会実装力こそイノベーション力との観点で、日本と米中欧のアプローチを比較し日本の社会実装力強化に向けたヒントを探りたい。

米国のオープン化戦略

経済産業省と産業界では、「イノベーションによる経済成長の実現」「国際イニシアティブの獲得」「産産連携により競争から共創へ」などを論点に、日本の産業競争力強化、イノベーション戦略に関する議論が繰り返されている。そこでは、従来の産業政策、企業戦略が通用しない厳しいグローバル競争を勝ち抜く日本の生き残り策が模索されている。

最初に、主な競争相手である米中欧のイノベーション競争力すなわち社会実装力についてベンチマークしてみたい。

米国は、ＧＡＦＡに代表される企業が中心となり世界のデジタルイノベーションを牽引しさまざまな社会変革をリードするとともに社会実装を通じて新たな社会価値を創出し続けている。サイバー分野はアイデアから社会実装までのスピードが速く、シリコンバレーのオープンなエコシステムのなかで次々と新しいビジネスやプラットフォームが生み出されている。シリコンバレー＝米国ではないが、世界を席巻するグーグルやフェイスブックのような「情報を商品としたビジネス」、アップルやアマゾンのように「情報を手段、媒介としたビジネス」は米国のお家芸になった。日本としては、対抗するのではなく利用する、便乗する戦略も必要だ。

また、日本にとっての脅威は、グーグルの自動運転、アマゾンのバリューチェーン囲い込み、テスラのＥＶと宇宙などサイバーのダイナミズムが、日本がまだ強みを持つフィジカルの世界にまで及び、主客逆転が始まりつつある点だ。

中国のスピード戦略

次は経済成長の著しい中国を見てみよう。１９８０年ころまで小さな一漁村であった深圳は、デバイスやコンポーネント産業の集積地として、イノベーションの一大拠点に急成長した。深圳の時計は、シリコンバレーの10倍早く進むと言われており、日本を飛び越えてグローバルなオープン・イノベーションが凄まじいスピードで進んでいる。

中国は、データや情報の収集・分析・ビジネス利用を国家戦略として位置づけ、さまざまな市場実験や社会変革に国を挙げて取り組んでいる。高度成長期の社会インフラや成功体験がレガシーとして残り、非連続な変革が進まない日本に比べて、いきなりトップダウンでイノベーションが社会に実装されている。まさしく技術実証、社会実験と社会実装、産業化がシームレスどころか一体となって同時に進められている。そのスピードの格差は、彼我の間でますます広がっていることが痛感される。

以上のように、米国、中国ともに、デジタルイノベーションを中心とする「スピード」「オープン化」戦略が、イノベーション競争力、社会実装力の源泉となっている。

EUの上流側戦略

一方、ドイツを始めとするEUでは、「なぜ欧州からGAFAが出てこないか」を議論しつつ独自の戦略を描いている。確かに「スピード」「オープン化」の点で米中に劣るが、EU諸国の強みは、国際標準化やルールづくりの「上流側戦略」で社会実装をコントロールし、グローバル競争をリードするしたたかさである。民族・領土問題や植民地経営を通じて培われた「合法的に富を獲得する」戦略は、米中と異なるグローバル競争力だ。また、ドイツのIndustrie4.0のように産官学を束ねて大きな動きに仕立て上げる構想力と組織的な実行力は、特筆すべき強みと言える。

巨大な国内市場を持ち、国土が広大であるが故に物理的に離れた人やモノをつなぐネットワークの需要が大きい米国や中国に対して、高密度で集積的な社会を形成し、グローバル市場をビジネスの主戦場としているEUは、日本にとって共通点、学ぶべき点が多いと考えられる。

日本は「共創力」を活かすべき

以上の通り、「スピード」「オープン化」「上流側戦略」を強みとした3極それぞれ独自のイノベーション、社会実装のエコシステムが存在するが、日本は明らかにいずれも劣後している。では、日本はどのような立ち位置でどのような強みを発揮すればよいだろうか。我々の考えは、前章で分析した通りそれは「共創力」であり、個々の優れた機能を結びつける紐帯すなわち「共領域」を形成することでそれを発揮しうるものと考えている（図表2-1）。

日本には、どの地域や国にも引けを取らない質の高い多様な企業や大学、機関が集積している。一つ一つは世界トップではないかもしれないが、グローバルに見て上位グループに属する多様な産官学のプレイヤーが勢揃いしている国は日本のほかには見当たらない。

問題は、それらのプレイヤーが連携し共創する取り組みがきわめて弱い点にある。産官学の共創、同業他社との共創、異業種間の共創、大企業とスタートアップの共創、大学同士の共創、科学技術と社会科学の共創など、いずれも日本は得意としていない。原因として、組織の縦割り、人材の流動性の低さ、資本市場の未成熟、規制の強さなどが繰り返し指摘されているが、一向に打開できていないのがこの数十年の現実である。

分野は異なるが、リレー、パシュートなどの「つなぎ」が重視される団体競技において日本は素晴らしい活躍をしている。いずれも、抜きん出た個の力がなくても一定レベルの個が連携、共創してチーム力、総合力を発揮できていることが勝因と考えられる。社会実装においても多様なプレイヤーの一致団結した「共創力」の発揮こそが、活路を開く戦略と確信する。なお当然ながら、スポーツと異なり日の丸純血主義で戦う必要はない。共創力発揮のパートナーは、国内にとどまらずグローバルに求めるべきであることは言うまでもない。

ＥＵではシンクタンク的な機関などが産官学の多様なプレイヤーの連携、共創をプロデュース、コーディネートする機能を発揮している。三菱総研も後述の通り会員事業などを通して複数のプレイヤーの「共創力」発揮に向けた取り組みを進めている。グローバルなイノベーションの仕組みをベンチマークしつつ、共創ネットワークのハブを形成することが、日本の社会実

図表2－1：日本型イノベーションエコシステム

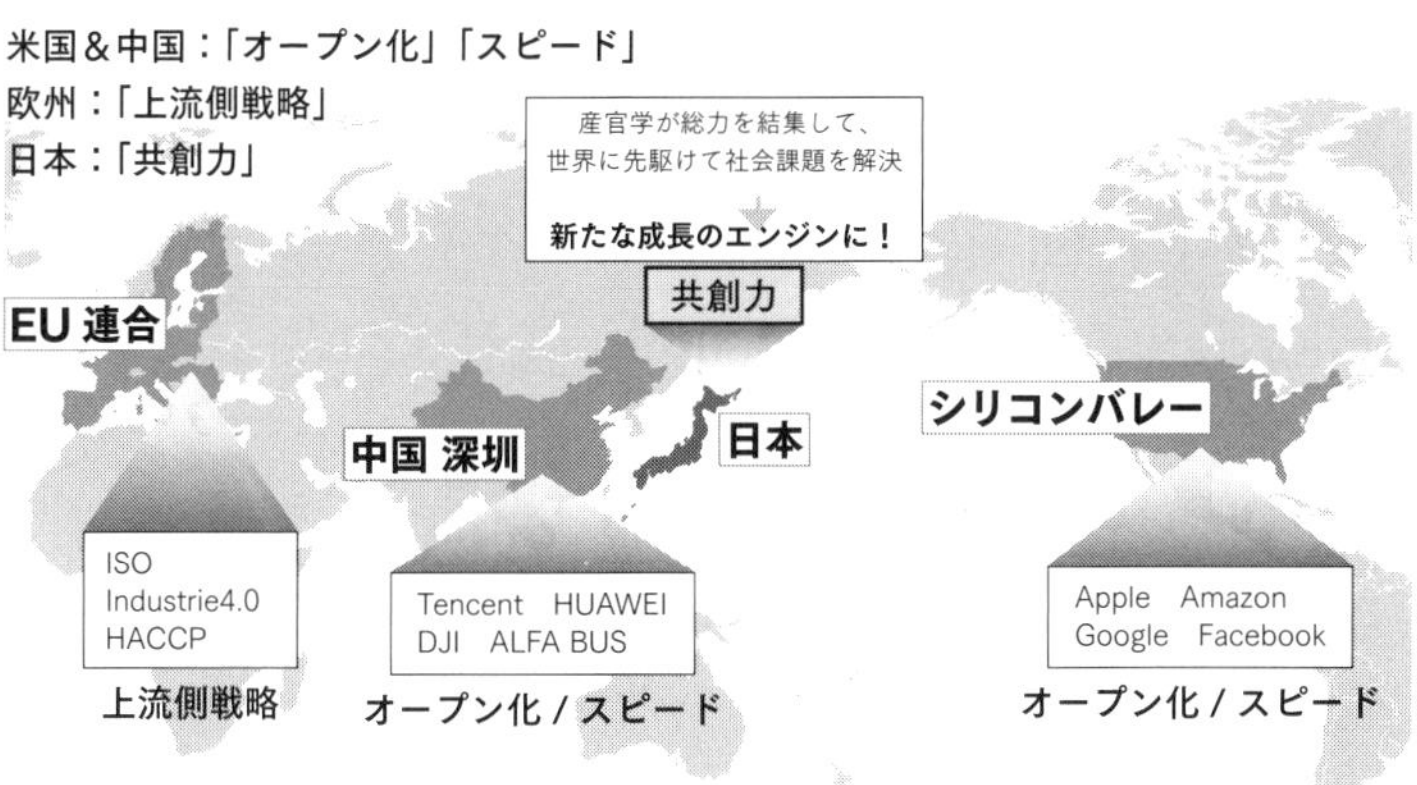

出所：三菱総合研究所

装力を強化し、社会課題の解決と未来社会の実現に資する重要な取り組みだと考えるからである。

社会実装の成功要因

産官学プロジェクト成功の条件

わが国では社会課題解決、社会変革による新たな価値創出、新産業育成などを目的にすでにさまざまな産官学プロジェクトが実施されている。各プロジェクトの最終ゴールは、単に技術目標を達成するだけでなく、成果の社会実装を実現することにある。そこではまさに「共創力」が試されていると言っていい。本節では、さまざまな官民のプロジェクトに参画して感じたプロジェクトを成功させるための要因について紹介したい。

これまでの経験から、成功した産官学プロジェクトでは「テーマ」×「リーダー」×「チーム」の3拍子が揃っていたことが共通要因として挙げられている。ただしこの3要素は、成功のための必要条件であるが十分条件ではない。勝てる「テーマ」の選定、プロジェクトを引っ張る「リーダー」のリーダーシップとパッションはいずれも必須であるが、難しいのは「チーム」の設計と組成である。ここで言う「チーム」とは、社会実装までを見据えたチームを組織化することを意味する。すなわち、バリューチェーンに必要なプレイヤーが切れ目なくつながるチーミングができるか否かによってプロジェクトの成否が決まる。

「この指止まれ」方式ではバリューチェーンに必要なプレイヤーは集まらない。また、同じパートに複数の利害関係者（たとえば同業他社）が関わり、競争領域と協調領域の線引きやオープン／クローズド戦略の具体化に時間と労力を要する場合が多い。

ドイツもかつては同じ問題を抱えて技術開発には成功しても社会実装が進まなかった。そこでプロジェクトを本格的にスタートする前に、2年程度の時間と労力を掛けて社会実装を想定したバリューチェーンに必要なベストのプレイヤーを指名する仕組みに切り替えた。いわゆるドリームチームの設計と組織化である。ドイツの産業が競争力を強め、Industrie4.0などの国家プロジェクトが成果を収めているのは、このチーム・ビルディングによるところが大きいと言われている。

その背景にはドイツの産官学連携を有効に機能させる合理的・合目的的な社会システムへの変革がある。たとえば大学教授になるためには産業界の実務経験が必要など、産官学の人が強制的に流動、循環する仕組みをつくってきた。換言すれば、キャリアを変えることが人と組織の持続的成長につながるような制度設計がなされている。

また、フラウンホーファー研究機構で知られるように、民間企業からの資金獲得を増やせば公的資金が増額されるような競争メカニズムが健全かつ合理的に働いている。産業界においても同業他社間の消耗戦ではなく、業界としていかにドイツのグローバル競争力を高めるか、よい人材を獲得するかの目的を共有した取り組みが機能している。たとえば個社での人材獲得や育成には限界があるため、同じ業界内での人材流動は是と割り切り、業界としてよい人材を採用し育てるメカニズムが機能している。

プロジェクトのタスク間マネジメント

一般に国家プロジェクトや研究開発プロジェクトはロードマップやWBSによって計画され進捗管理される。ロードマップの横軸は時間軸であり、いつまでに何を達成するかが示されている。大きなプロジェクトでは、複数のタスクが並行的に進むため、各タスク間のインプット／アウトプットの関係が縦の矢印で表記される。わが国でも多くのプロジェクトにおいて横の時間軸はよく検討されているが、縦の各タスクの相互関係が曖昧な場合が多い。縦の矢印で何がやり取りされるのかを質すと、日本では連携、成果共有、情報交換などの曖昧な表現で説明される場合が多い。

タスクAとタスクBの間で何がどのように行き来するのか、このタイミングでいいのか、どちらかが目標未達である場合にどのようなコンティンジェンシーがあるのかなどを明確にし、プロジェクト全体のQCD（品質・コスト・納期）をマネジメントすることがきわめて重要である。特に各タスクが自社や自部門でない場合は管理と制御が難しい。パートナー連携や他者との共創の場合は、この縦の関係の具体化、明確化がプロジェクトの成否のカギを握る。

バックキャストの目標設定とアウトカムによる評価

多くの科学技術起点のプロジェクトでは、大学や研究開発法人、企業の研究所などが有する世界トップレベルのシーズ技術やアイデアが採択される場合が多い。プロジェクトのゴールに向けてサイエンス→テクノロジー→エンジニアリングへと進み、インダストリー、社会実装を目指す。シーズ起点の場合は、出口が明確に定まらず複数の適用先を想定してフォアキャスト的なアプローチになりがちである。一方、目的である社会実装を実現するためには、出口すなわち社会実装の姿を具体的に描き、単に技術目標だけでなく許容コストや競合手段に対する優位性、エンドユーザーの価値などを明確にしたうえでバックキャスト的なアプローチが求められる。

実際には、両者の二者択一ではなく、フォアキャストとバックキャストの組み合わせ、イタレーションのなかでゴールやマイルストーン目標を定めてプロジェクトを進める必要がある。過去の成功プロジェクトの多くは、この双方向のアプローチがうまく相互作用した場合が多い。

ドイツではプロジェクトの目標設定もきわめて重視されている。性能や機能などの達成目標や研究成果としての技術目標は、アウトプット目標に過ぎない。達成すべきことは、成果を社会に実装した結果、新たな社会価値や便益、産業を創出したり、社会課題を解決することである。そのためには、アウトプット目標をクリアしたうえで実現を目指す社会の状態、いわゆるアウトカム目標を達成する必要がある。アウトカム目標を明確に描き、目標達成するためのプロセスを具体化することが、社会実装を実現するために必須であることは論を待たない。換言すれば、アウトプット目標の達成は、アウトカム目標を達成するための重要な要素ではあるが、最終ゴールに向けたステップ、マイルストーンに他ならない。

日本における制度改革や具体的な産官学プロジェクトマネジメントは、まだまだ改革、改善の余地が大きい。産官学連携の重要性を何十年も叫び続けながら、3極対立の構図で連携が進まない日本にとって何をすべきかについては、次節以降で詳述する。

2 「共創力」から「コレクティブ・インパクト」へ

「社会課題起点」の事業創造

日本が「共創力」を発揮する契機に「社会貢献」があることは分析編で触れた。イノベーションの文脈で捉えれば、社会課題解決策をいかに社会実装するかという問題になる。

国連が2015年に公表した「SDGs：Sustainable Development Goals：持続可能な開発目標」は、地球規模の課題を我々に提示し、日本国内でもその認知が進んだ。一方、足元では国内の各地で多発する自然災害、超高齢化社会到来の大きなうねり、先進技術と社会システムの融合による高度モビリティへの期待、不確実性の時代に将来社会を担う人材育成など、取り組むべき社会課題は日本国内だけでも多岐にわたっている。

SDGsの前身に当たる「MDGs：Millennium Development Goals：ミレニアム開発目標」では、極度の貧困や飢餓の撲滅など、主として発展途上国向けの目標を掲げ、これを解決する主体として政府や公的セクターが目標達成に向けて主導してきた。一方、SDGsでは先進国も含めた課題解決のための目標が定められている。また公的セクターだけでなく、民間セクターによる解決にも重点が置かれていることが特徴である。

これは、公共セクターによる社会課題の解決だけでは、課題の大きさや解決のスピードの点で不十分だからだ。これまでも、公共セクターを補完するように半官半民の性格を持つ法人や個人・団体による寄付が課題解決の一翼を担ってきた。

たとえば米国では、事業に成功した富裕層が社会課題解決のために多額の寄付を行う「フィランソロピー」がもとより盛んである。たとえばスタンフォード大学やカーネギーメロン大学は同名の富豪の寄付により設立された。ロックフェラー財閥が医学研究に多額の寄付を行っていることもよく知られている。

地球規模で深刻化し、スピーディーな解決が求められる社会課題が明確になった現在、その対応には潤沢な資金や豊富な解決アイデアに加えてその展開力の必要性がますます高まっている。このため民間によるビジネスを活用した社会課題の解決が期待されるようになり、1990年代後半からは社会課題を寄付ではなくビジネスで解決する、という社会的企業（ソーシャル・エンタープライズ）が台頭してきた。

企業経営や投資の世界でもCSV（Creating Shared Value：共通価値の創造）の考え方やESGの取り組みへの注目といった潮流が日本でも起こっている。自社ビジネスによる社会課題解決を明示的に示したり、幅広いステークホルダーとの共存共栄を目指す考え方が主流になってきた。いまや投資全体のうちESG投資が占める割合は、世界では約3分の1、国内に限っても2割弱にも達すると言われている。

もちろん、課題解決主体としての公的セクターへの期待が下がったわけではない。民間が社会課題解決の一部に寄与することにより、引き続き公的セクターでなければ解決できない領域の課題に、より多くの公的リソースを注入することが可能になるといえる。

コレクティブ・インパクトとは

多面的な取り組みの重要性

経済成長が国の命題であった20世紀には、成長がもたらした社会課題の解決もまた政府の仕事とされ、大量の資源と予算が投入された。こうした量の成長が飽和してくると、先進国における課題は、徐々に地球環境や人間にとって持続可能な成長へとシフトしてきた。経済のグローバリゼーションや技術革新によって人々の交流や社会構造は複雑化し、課題の解決には多面的な取り組みが不可欠となってきている。

もはや一つのプロジェクトを遂行させることでは課題の解消にはつながらないため、大きなインパクトをもたらすためにさまざまな関係者（マルチステークホルダー）が同時並行で取り組む必要がある。

経済社会が高度化するとともに、社会課題も現象と原因の両面で複合化し、複雑化する。その解決も、画期的な一大発明というよりは、さまざまなアイデア、技術の組み合わせにより実現されるケースが増えている。担い手でも、既存の大企業よりも、スタートアップやＮＰＯなど新興勢力の活躍が目立つ。

その一因は、ＡＩ・ロボット、インターネット技術の進展により、新しい機能やサービスを開発するために必要な期間やコストが大幅に縮減されたことにある。ここで登場するのが、大企業と異なり、次々と新しいチャレンジをすることが可能で経営上の小回りが利くスタートアップ企業である。現在の世界を代表する巨大テック系企業は米国西海岸でベンチャー企業として生まれ、世界各国に活躍の場面を拡大した。ベンチャー企業が生み出す小さくても斬新な手法をうまく組み合わせることが、大きな社会課題の解決にも結びついていく。コストもリスクも少ないスモールスタートを起点としながらも、こうした取り組みが複合的にバンドルされることが大きな社会課題の解決につながるのである。

「共領域」が生むコレクティブ・インパクト

このような複合的な取り組みにより社会課題を解決するという考え方を「コレクティブ・イ

ンパクト」という。コレクティブ・インパクトは、これまでの問題解決に向けて個々の組織がそれぞれ努力する手法とは一線を画す新しいアプローチとして、２０１１年にスタンフォード大学の専門誌に発表された論文で示されたコンセプトが端緒だと言われている。(注17) これによると、コレクティブ・インパクトは、「異なるセクターから集まった重要なプレイヤーたちのグループが、特定の社会課題の解決のため、共通のアジェンダに対して行うコミットメント」と定義されている。

本書ではこのコレクティブ・インパクトという概念をもう少し拡張して捉えたい。コレクティブ・インパクトを実現する主体、すなわち「個々の組織」は、異なるセクターの法人（たとえば自治体と企業）でもよいし、一つの法人内の組織（たとえばある企業内の異なる部署など）であっても複数組織をまたがる取り組みであればコレクティブ・インパクトになりうると考える。

翻ってコレクティブ・インパクトのコンセプトが提唱していることは、異なる価値観や目的を持つもの同士が共通の課題認識を持つことにより、たとえ直接的には異なる取り組みをしていたとしても、俯瞰して捉えると一つの目的・方向性に向かって進むことで、結果として大きなインパクトを社会にもたらすことができる、というものである。であるならば、社会インパクトをもたらすためには、組織の内外にとらわれずに考えることがより自然なのではないか。これは「共領域」の考え方そのものである。また、特に大企業で新規事業を創出する場合に、既存事業とのカニバリゼーションやディスラプションが往々にして起こることからしても、単

注17：「コレクティブ・インパクト実践論」井上英之　DIAMONDハーバード・ビジネス・レビュー2019年2月号

一組織内でもコレクティブ・インパクトの考え方を援用する実務的なメリットは大きいと考えられるのである。

エコシステムの構築と課題の共通認識

マルチステークホルダーが参加するためのエコシステム

先述の通り、現代の複雑かつ巨大な社会課題を目指して社会実装していくプレイヤーには、大企業、国、都市といったこれまでの社会課題解決の主体だけでなく、スタートアップ、地方、NPOなど、多くの主体の関与が必要である。しかし、これらの主体はそれぞれ異なる設立目的や行動原理を持っているため、それぞれの活動は通常バラバラであり、そのままではコレクティブ・インパクトは実現できない。互いを理解しつつ相互補完的に協働するためのエコシステムすなわち共領域の創出が必要である。

社会課題解決のための各ステークホルダーの特徴・役割は次のように整理される（図表2-2）。

●自治体：地域の具体的課題に取り組む
●企業：製品・サービスの開発、販売のインフラ
●スタートアップ：先進技術に強く経営の機動力が高い
●大学・研究機関：基礎から応用までの最先端技術に強い
●官公庁：政策・制度面からのさまざまなサポート可能

課題解決のためのリソース確保の観点からは、これらの適切なプレイヤー以外に、資金調達も重要な要素である。近年ではグローバル規模でスタートアップ企業へのリスクマネーが潤沢に供給されるようになってきたことに加え、公的資金以外に多くのオプションがなかった課題解決ビジネスに適した新しい手法が次々に考案・導入されている。例として、ESG投資、SIB（ソーシャル・インパクト・ボンド）、クラウドファンディング、マイクロファイナンスが挙げられる。

このエコシステムは、参加者の共有する目標からのバックキャスティングに基づく信頼や相互承認を基盤として、参加者が自身の目的達成のために活動する場であるべきだ。これは、「共領域」のコンセプトとも符合する。多様で柔軟な選択を通

図表2－2：社会課題解決のための各ステークホルダーの特徴・役割

自治体	地域の具体的課題に取り組む
企業	製品・サービスの開発、販売のインフラ
スタートアップ	先進技術に強く経営の機動力が高い
大学・研究機関	基礎から応用までの最先端技術に強い
官公庁	政策・制度面からのさまざまなサポート可能

出所：三菱総合研究所

じて一人ひとりの自己実現をベースとしながら、社会全体の豊かさと持続可能性を実現していく社会は、自律分散しつつも協調していくことが必須である。社会実装のためのエコシステムでは、それぞれの参加者がまさに自律分散・協調を目指すことが理想形である。

したがって、コレクティブ・インパクトの推進に寄与するエコシステムの役割は、こうしたプレイヤーが資金を集めたら終了、とはいかない。単なる出会いの場を超えて、価値観の異なる多様なステークホルダー間の調整、個々のプロジェクト全体の企画取りまとめ、プロジェクト期間中の進捗管理や事業全体を見通すことのできる者（ソーシャルビジネスのアクセラレータ、プロデューサーなどとも呼ばれる）の存在がなければならない。

エコシステム参加者に共通した社会課題の認識・マインド醸成

このようなエコシステムで紐帯の役目を果たすのが、共通の課題認識である。ステークホルダー間で、スタート地点たる解決すべき社会課題の認識と、ゴールである社会インパクトの姿を共有することが何より重要である。これがあるからこそ、異なる目的を持つセクターの活動が、複合的に作用して一つの大きな社会課題解決への流れを生むコレクティブ・インパクトにつながる。

さらにこのコロナ禍で将来社会への不安が急速に高まったことも相まって、これまで認識されてきた現在の社会が抱える課題だけに注目するのではなく、未来の望ましい社会の在り方を掲示・共有したうえで、その実現のためにいま何をすべきかというバックキャスティングの考え方が求められている。これを意思（Will）や価値観を共有するストーリー（ナラティブ）として提供できると、参加者の納得感が得られやすい。そのためにはUNESCOが「Futures Literacy」と呼ぶような、望ましい未来像を描くスキルが必要だ。[注18]

いずれにせよ、参加者間の共通の課題認識を持つことがコレクティブ・インパクトには不可欠であるが、到達すべき目標には、その規模や必要時間をある程度整合させることで、より強固な共通認識となる（図表2-3）。

課題設定の具体的な共有方法すなわちバックキャスティングの進め方はこうだ。インパクト（課題解決）をまずは設定し、そこから逆算して、アウトカム（成果）およびアウトプット（結果）へと、長期の目標から徐々に

図表2－3：コレクティブ・インパクトにおける共通課題認識の概念

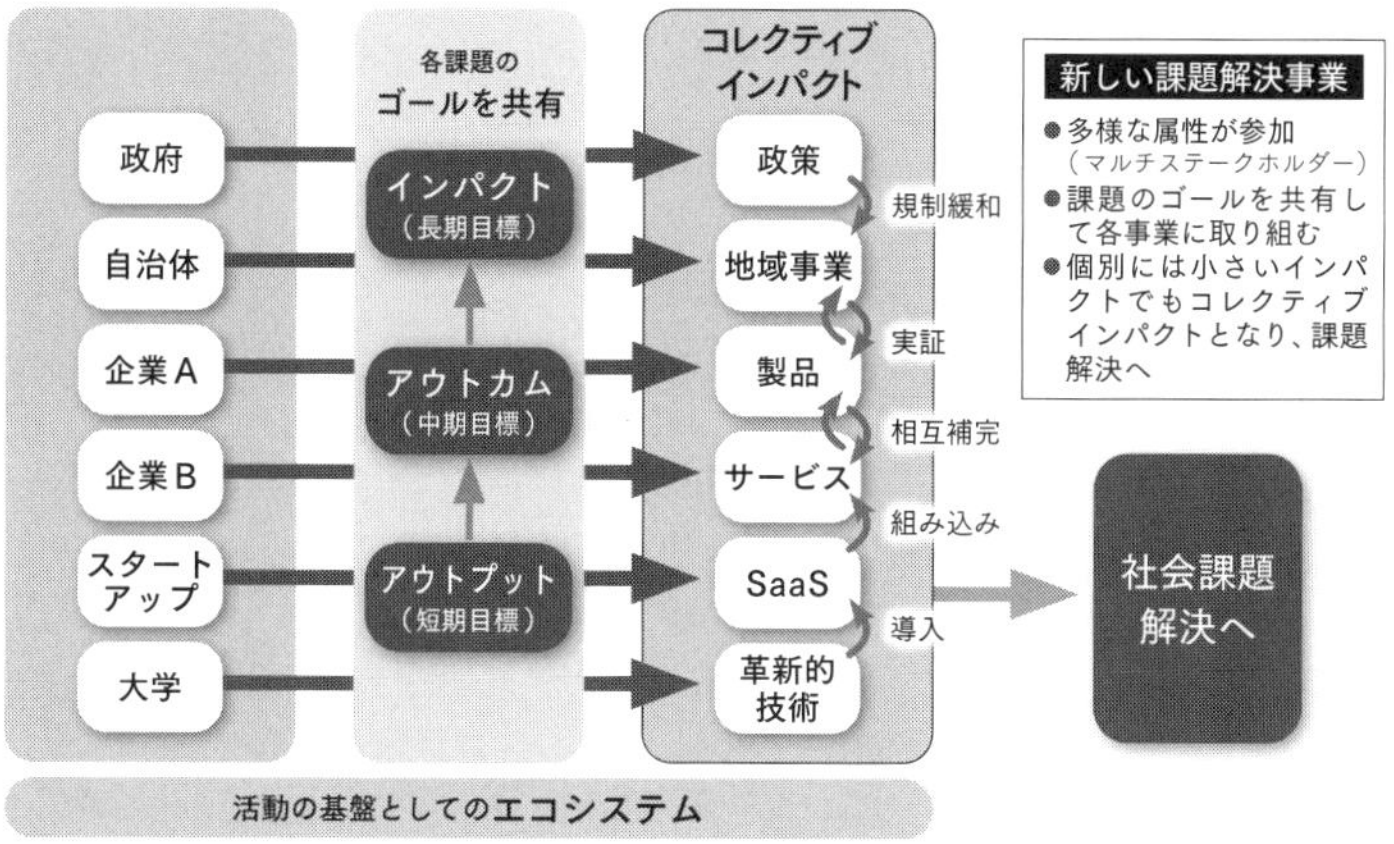

出所：三菱総合研究所

注18：https://en.unesco.org/futuresliteracy/about

短期の目標を定めていく。たとえば、「すべての人が健康で活き活きと輝く社会の実現のため、医療・介護サービスへのアクセスを向上する」というインパクトを設定する。その実現のため、「医療従事者のリソース活用を徹底的に効率化する」というアウトカムを設定、さらに短期の目標として「AI深層学習技術によりMRI画像から脳動脈瘤の疑いのある部分を自動的に抽出するサービスの展開」をアウトプットとする、といった具合だ。

共通認識形成にデータとロジックモデルを活かす

課題認識のツールとしてのインパクト評価にはさまざまな取り組みがあるが、多様なステークホルダーの共通認識を形成する観点からは、客観的なデータをもとに評価できるものが望ましい。

さらに、特定の課題ごとに、その解決を目指すビジネスのインパクト創出の道筋を示すツールとして「ロジックモデル」が挙げられる（図表2-4、図表2-5）。

図表2－4：社会インパクト理解のための課題構造化とロジックモデルの例

ゲイトのインパクト分析①

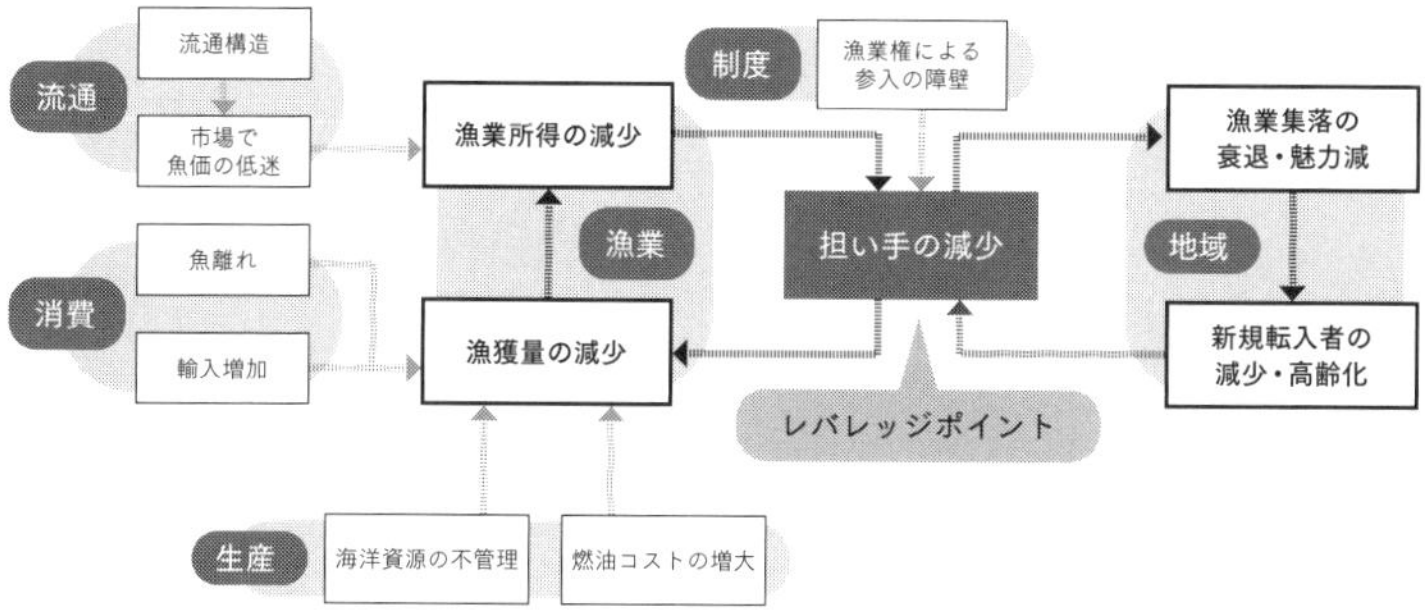

課題／工夫　課題が漁業と地域の双方にまたがることから、ダブルループ構造とした。
レバレッジポイントは「漁業の担い手の創出」とした。

出所：（図）社会インパクト理解のための課題構造化とロジックモデルの例
（三菱総研・INCF／株式会社ゲイトの例）

図表2－5：社会インパクト理解のための課題構造化とロジックモデルの例

ゲイトのインパクト分析②

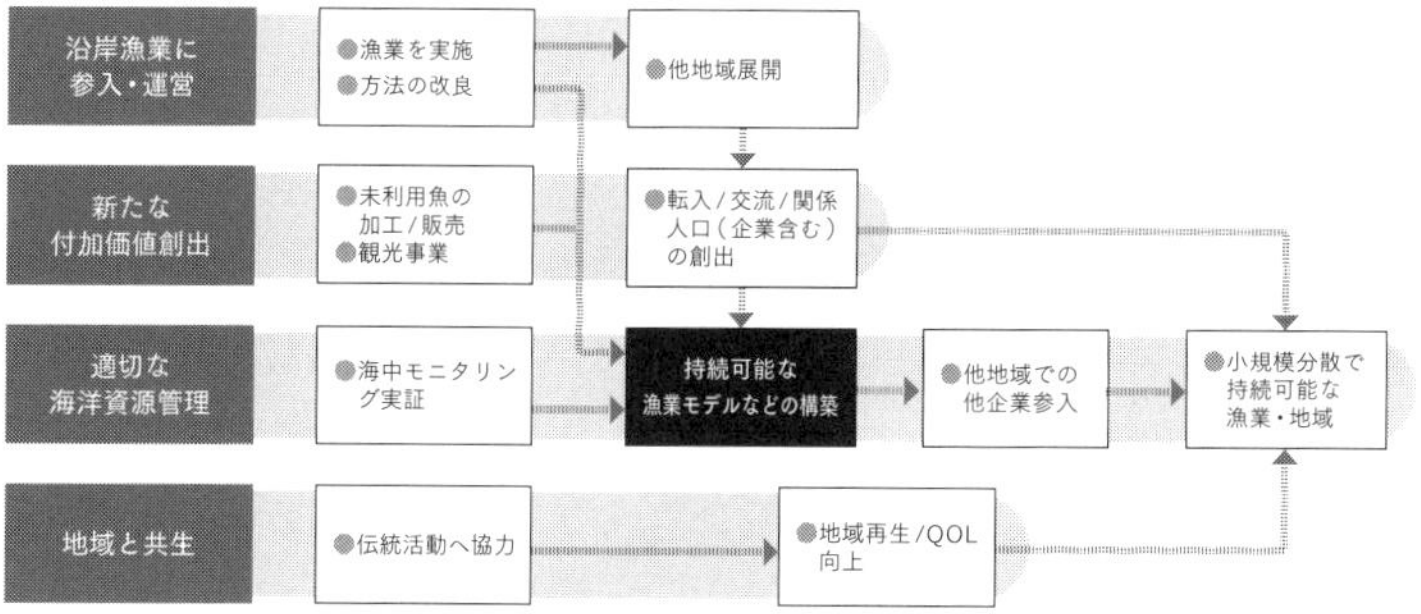

課題／工夫　進捗状況がわかるよう、現時点の取り組みとトピックスの関係づけを行った。
ロジックモデルに絶対の正解はなく、環境変化に応じて修正することが重要。

出所：（図）社会インパクト理解のための課題構造化とロジックモデルの例
（三菱総研・INCF／株式会社ゲイトの例）

3 企業は何をすべきか

社会実装を阻む企業活動のサイロ・イフェクト

「分断」は組織の宿痾

あらゆる組織は分断の誘因に満ちている。企業組織もその例外ではなく、むしろ大企業は行政機関と並んで典型例に挙げられる。

これは組織というものの性質上、避けて通れない宿命である。組織を運営するためには役割分担が必要となる。小さな組織であれば個人がそれぞれの役割を担う。規模が大きくなれば、役割を担う小組織が組織内に設置される。それらの小組織はそれぞれのミッションが定義され、目標を与えられ、その達成度で評価される。組織ミッションは可能な限り重複を回避することがよいとされる。そのような仕組みで全体最適を実現しようと思えば、各部署が局所最適を達成したとき、それらの総和が全体最適になるような複雑な設計と緻密な運用が求められることになる。

しかしそのような理想論が実現することは稀であり、しばしば小組織の局所最適は相互にトレードオフの関係となる。企業組織に属するものは誰でも経験しているように、事業部門が競争力強化のための投資拡大を求める一方で、管理部門は財務目標達成のため経費の引き締めを指向する。事業の基盤を形成する主力製品の担当部署と、将来の事業基盤を創造しようとする新製品の担当部署の間では優秀な社員の奪い合いが起きる。このような小組織間のフリクションはあまりにも日常茶飯事過ぎて、組織構成員にとってはそれが当たり前という感覚が浸透する。社内には無用な軋轢を回避する行動パターンが生まれ、それぞれの小組織はよほどのことがない限り自部署の局所最適にいそしむ毎日を送ることになる。本書で繰り返し指摘した研究開発と社会実装の間の谷間（デスバレー）は、そんな一般原則の一つの事例に過ぎないともいえる。

マネジメントのジレンマ

組織の細分化が局所最適の弊害を必ず生み出すことは、すでに長く指摘され続けている。専門分野ごとに細分化した組織が総合力を発揮できない現象を指す「サイロ・イフェクト」という表現は数年前から頻繁に用いられても来た。サイロ・イフェクトの発生が不可避であっても、組織内を小組織に分割しなければならないのは、そうしなければ全体の管理が不可能と信じられているからである。そういう意味で、全体の管理を徹底するほど全体の活力が削がれていくという矛盾は組織運営論の本質であり決して軽視できない。

縦割りで動かすほかないということが組織の本性（の一つ）であるとすれば、全体最適はいかにして実現しうるのだろうか。それが全体に責任を持ち、全体を動かす力のある人の役割であるとすれば、すべてはトップ次第ということになる。確かにそのような一面があることは否めないが、一人の生身の人間の能力を超えるケースも少なくないであろうし、常にそれだけの器量と能力のある人間を輩出し続けられる保証はないというリスクも大きい。

このような問題意識から、これまで多くの方法が提唱されてきた。たとえば縦割り組織を横通しする「マトリクス経営」という用語も人口に膾炙している。しかしこれまで、縦割り・蛸壺の打破、サイロ・イフェクトからの脱却を可能とする普遍的な方法論が提示されたことはないし、まして組織横断の活動が画期的な成果をもたらした事例が次々に現れているという状況にはない。縦割り組織を横通しで動かす仕組みをつくるということに、きわめて高いハードルがあることは明らかである。

本書では、日本人の特性をベースに考えれば、それは「共領域」を形成することによって突破できるのではないかという試論を展開している。本節では、いくつかの事例を紹介することにより、その可能性を探ってみたい。

DXでサプライチェーンをつなげ

製造現場は「つながっていない」

イノベーションを考えるうえで、製造現場の話を最初にしなければならない。そこが研究開発された内容を製品化し市場に送り出す最前線だからである。現在、残念ながら日本の製造現場はさまざまな意味で「つながっていない」。

わが国の製造現場の原点は、「手に職を」という考え方を一人ひとりの作業員に求めてきたことにあるようだ。その延長線上に「匠の技」を重視する文化がある。つまり、現場で腕に技術のある人が長年鍛え上げた熟練の技で一つひとついいものをつくる文化がよくも悪くもまだ支配的である。

この文化の下では、人材育成の基本は先輩の技を見て盗んで、勘とコツをつかんで、となる。現場で切磋琢磨することが品質・生産性の向上を実現し、そのことがモノづくりの現場力の底上げになると信じられている。当然ながら、現場のノウハウは自ら進んで他人に話すものではない、という考え方になる。

こうした思想の下では、現場における技術継承が生命線となる。そして、団塊の世代のリタイアによりそれが危なくなってきた。すでに一部の技術は歯抜けになり始めており、団塊世代が完全リタイアするとみられる2025年ころにその深刻さはピークを迎えるとみられる。

このような状況下で、これまで効果があった「関東工場と関西工場の競い合い」のような経営手法は意味を失った。むしろ工場ごとの生産性・品質に差が生じるデメリットが大きい。グローバルでビジネスをやっていく際には、生産場所によらない生産性と品質の担保が重要になっているからである。

日本の高度成長は早過ぎたのか

グローバルなレベルで顧客が求めるものと、日本企業が現場で突き詰めてきたものとの乖離が大きくなってきたと言える。その背景には、高度成長のタイミングが早く、過去の成功体験から発想の転換が遅れている、ということがある。当時に投資したアナログ設備を精緻で高度な生産技術で使いこなし、競争力を維持し続けることができてしまった。世界の先端的な製造現場は、デジタル基盤を持ち、設計変更などにはボタン一つで対応する。東南アジアでも中国でも、このようにデジタル設定できる機械で生産している。日本はいまでもツマミを回してアナログな調整を行うところが多く、熟練者が常に必要だし、調整技術の継承も課題となる。定性的な内容を感性で伝える、という日本型モノづくりは明らかに世界で劣後しつつある。40年ものの設備を用いて感性に依存して最新鋭の製品をつくる日本と、最新鋭の設備で複雑な調整も瞬時に行い機動的に量産する世界、という対比である。

サプライチェーン品質管理の課題

以上は企業内部の話だが、サプライチェーンに複数企業が関わる場合も「つながっていない」現象は多数散見される。ここでは特採（特別採用）を例に挙げてみたい。

調達側の企業（以下「甲」）と納入側の企業（以下「乙」）は、契約で品質水準を設定する。これを契約品質と呼ぶとすれば、甲は実際の製品に必要な品質水準よりも高い契約品質を求める。乙の現場は必死に契約品質、つまり必要以上の品質を追い求めることになる。日本の「過剰品質」はこの辺りに原因があるのではないだろうか。

また、乙があらゆる努力をしても契約品質を達成できず納期を迎えることもある。しかし、乙が甲に「契約品質のスペックからはわずかに外れているが、不良品とまでは言えない誤差の範囲なので出荷をさせてほしい」と許可を求めると、驚くべきことに納入が許可されることがある。なぜならば契約品質は、甲が本当に必要としている品質水準よりも高い設定なので、乙の納入品が最終製品の品質に影響を与えないことが確認できれば、甲が使用することに問題はないからである。こうして納品されることを特別採用、略して特採と呼ぶ。近年、大手メーカーの品質に関するスキャンダルが少なくないが、背景にはこのような取引慣例があることも多い。

特採が続いてしまうと、乙は甲が求める本当の品質水準を感得し、そのレベルで生産することが慣習になっていく。一方で特採品は通常の売価から減額されることも多く、イレギュラーな品質管理プロセスを要することから、売上、生産性は低下する。

つまり日本では、甲と乙の間にある種の断絶があり、一方ではジャパンクオリティを追い過ぎてさまざまな弊害を起こし、他方では特採で買い叩かれる世界が併存している。サプライチェーンのなかで適切な価格・品質での取引が行われていない部分があると言える。

買い手優位の弊害

サプライチェーンが「つながっていない」と感じられる現象としてもう一つ、「買い手優位」がもたらす歪みが挙げられる。これは、中小零細の鋳造品メーカーとその顧客(鋳造品加工メーカー)の関係で見るとわかりやすい。

鋳造品は、モノづくりで絶対に外せない部品である。鋳造品は鋳物の型に金属を流し込んでつくる。鋳造品の加工・組み立てを行う企業では、鋳造設備と鋳物の型をつくる能力がないことが一般的なのでこれを外注する。鋳物の型をつくる能力がある企業は概ね小規模で、社員数人の企業も多い。まさに匠の技の世界である。そういうところが、グローバルトップ企業から受注している。

鋳造品を内製する能力がない顧客は、客観的に見れば仕入先である鋳造品メーカーにＱＣＤ

（品質・コスト・納期）の生命線を握られているのだが、現実にはその相手を下請け業者扱いしているケースが少なくない。同様の関係性は、最終製品の中核となる部素材を供給している中堅グローバルニッチトップ企業とその顧客でも見られる。

このように購買側が上位にある関係性が固定化していることは、匠の技でモノづくりを支える企業に優秀な若い人材が集まらなくなるなどの弊害を生み、結果として購買側も自らの生命線である部品の調達に支障をきたす事態を招きかねない。ましてサプライチェーン全体の生産性向上など望むべくもないであろう。この、売り手買い手の力関係に由来する上下の意識は、日本の製造業界の競争力を削いでいる根源的な要素の一つではないかとも考えられる。

系列関係の変貌

日本型のサプライチェーンでモデルになってきたのはトヨタのかんばん方式であろう。かんばん方式では、品質は工程でつくり込むという考え方が徹底している。各職場は、与えられた責任を果たして後工程に渡さなければならない。このため量産に入る前に徹底的な品質レビューを行い、「無検査納入」という100％良品納入を原則とする性善説の仕組みを実現している。後工程の人たちは、前工程からちゃんとした物が来る、という前提で自分たちの作業を考える。前工程で課題はすべてクリアされて物品が入ってくるので、わざわざ受け入れ検査しないでも作業に入れるということである。

客観的に見れば縦割りそのものだが、局所最適を目指すというよりは、プロとして自分の担当範囲は責任を持って完結させることを連鎖することにより結果として全体最適を実現するという思想である。

こうしたサプライチェーンが成立している背景として、トヨタが系列部品メーカーの雇用を守り、日本自動車工業会（自工会）が550万人の雇用を守ると言っている事実が重要である。どんなに変化があっても安心してついてこい、という関係ができている。それがあるからかんばん方式でサプライチェーンがつながっているのであり、強い結束がそこにある。

以前は家電メーカーでも同じように系列を強い結束でまとめていた。いまは中国と韓国の製品に市場を奪われ、スマホではアップルに敗れ、系列を維持できなくなった。現在の日本の電機産業の強みは最終製品から部素材にシフトしている。

そして、部素材メーカーをグローバルに束ねている海外アセンブル企業の行動原理は、かつての日本の系列関係のような信頼重視ではなくビジネスライクである。アップルについていくことを決め、徹底追従している会社もあるが、それは信頼ベースというよりもビジネスジャッジである。

日本国内のものづくり産業を見ると、サプライチェーンの終点に位置する最終製品メーカーが強みを失いつつあり、グローバルニッチトップの部素材メーカーが存在感を高めている。これは大きな変化である。そういうなかで、改めて信頼関係に基づくサプライチェーンを組み立て直せないだろうか。

パワーに基づくサプライチェーン全体最適

サプライチェーンのなかで売り手と買い手は、お互いに手の内を明かさないことを前提に契約価格を設定し、そのうえでお互いに本当のところを探り合う関係になっている。本来の関係性は、重要部品を提供する売り手の方が優位なのだが、買い手は一般的に企業規模が大きいし、面子もあるのでそれを認めない。

このような上下関係意識があれば、当事者同士でサプライチェーンの全体最適を進めることは難しい。むしろ第三者がドライバーになる事例が出てきている。

一つは、顧客が主導するケースである。食品の例では、イオンやセブンイレブンなど購買力のある小売業がサプライチェーン全体に介入する。ついてこられない商品は置きませんという購買パワーで、トレーサビリティ含めて全体最適化を図る動きである。原理的にはドライであり、当然ながら限界もある。

もう一つは、買い手と売り手ではなく株主の立場（パワー）でバリューチェーンの全体最適を考え実現するという考え方である。日本特有かもしれないが、総合商社が資本参画しながらバリューチェーン全体最適を実現しようとしている取り組みがそれに当たる。食品の例では、伊藤忠商事の「食品サプライチェーンＤＸ」や三菱商事の「食品流通ＤＸ（黒子・裏方として事業投資先となる企業のＤＸを推進し、フードロスという社会課題の解決を目指す取り組み）」

といった動きがある。ドライバーは株主利益の最大化であるが、株主の一存ですべてをコントロールできるわけでもなく、関係者の利害調整など限界もある。

トラスト（信頼）をベースとしたサプライチェーンの再構築

我々が期待するのは、第三者の介入により、サプライチェーンを形成する企業間でよりフラットな関係を構築する試みである。

横河ソリューションサービス（以下「ＹＪＰ」）が提供しているサービスに、その萌芽が見られる。ＹＪＰは、素材メーカーＡ社と加工メーカーＢ社を顧客としており、Ａ社はＢ社に素材を供給している。したがって、Ａ社とＢ社にプラント制御・製造管理ソリューションを提供するＹＪＰは、前工程（Ａ社）から後工程（Ｂ社）にわたる生産活動全体についてもおおよその知識を持っている。このことは、ＹＪＰがＡ社とＢ社の取引を客観的に観察し、改善に貢献できる立場にあることを意味する。そんな発想とＡ社とＢ社から寄せられた期待の声から、サプライチェーンのプロセス情報共有・活用を支援するサービスが生まれた。

このとき、買い手側が本当にほしいスペックに関する生情報は、ＹＪＰには与えられない。しかしミクロな事象はわからないように加工されたデータでも、適切に分析すれば製造現場で起きていることはある程度わかる。それを整理して、Ａ社とＢ社の両方にこのサービスを提供すれば、Ａ社とＢ社はお互い間接的に、スペックをすり合わせることが可能になる。歩留まりがお互いによくなり生産性も向上する。

実例としてそういう生産性向上事例が出てきている。横河電機グループはこの「つなぐ（お客様の価値ある情報を結びつけ、YOKOGAWAが企業と企業、産業と産業の結束点となる。お客様のさらなる経済価値や社会・環境価値向上を共創する“Trusted Partner”を目指す）」ことこそ自社の存在意義と定め、“Yokogawa's Purpose”と宣言している。

顧客側のA社とB社の視点からは、相対の取引にとどまらず、信頼できるパートナーを媒介してサプライチェーンの効率化・高度化を実現していくことになる。支配関係（買い手と売り手／株主と支配下企業）ではなく信頼関係に基づく取り組みであり、まさに「分断」を治癒する「共領域」形成の試みと言っていい。

この取り組みをサプライチェーン全体・業界全体レベルの最適化へと昇華させるには、相対での取り組み（1対1）の積み重ねではなく、業界に属する複数のプレイヤー相互（m対n）の取り組みへと発展させる必要があり、そのポイントは「業界共通課題の解決」を旗印に掲げる、利害関係者を超えた媒介役の存在にあると考える。

シンクタンクの果たせる役割

サプライチェーンにおける共領域の形成は、日本のモノづくりの将来を展望するうえで、きわめて重要な取り組みだと考える。また、サプライチェーンに属する企業間の調整に当たる第三者的存在として、シンクタンクが果たせる役割も大きいと思われる。加えて三菱総合研究所は、日本の製造業再興への貢献を考え続けてきた。こうしたことから、現在当社は業務提携関係にある横河ソリューションサービスと「トラストチェーン」の取り組みを推し進めている。

これは、受発注関係にある各企業から可能な範囲のデータを出してもらい、相互間のすり合わせを支援するものである。膨大なデータを扱うDXビジネスではあるが、そこがゴールではない。

三菱総合研究所は社会課題解決を目的として活動する企業であり、モノづくりのサプライチェーンで収益を上げる機能は持ち合わせていない。このためどの企業とも利害関係が薄く、客観的に取りまとめを行うことができる存在として認知されつつある。

これまでも、各地域の特色を活かした産業クラスター立ち上げにおいて、利害関係を調整し受発注・生産管理など新たなサプライチェーンの構築支援を行ってきたが、最近は個別企業における顧客・仕入先を巻き込んだサプライチェーン変革の支援機会も増えている。

三菱総合研究所は、サプライチェーン変革を担うすべての企業を対等なパートナーとして引き合せてオープンに議論をする場を提供し、自らも参加しながら、利害関係を超えた新たな分担・連携を構築していく。その結果、これまで上下関係の残っていたサプライチェーンをフラットな関係に再構築し、全体最適の議論を行うベースが形成される。これがトラストチェーンである。

トラストチェーンでは設計・製造といったサプライチェーン上のすり合わせに加え、いままでの上下関係をフラットな関係に組み直すべく、受発注に係る契約条件の在り方に関しても、相互尊重・公明正大のコンセプトに沿うよう再整理を行う。

トラストチェーン上でのプロセス改善について、グループ企業を横断した受発注・在庫管理プロセス効率化の取り組みでは、これまで企業間の壁に阻まれてきていた情報共有・活用が実現され、長期にわたり抜け出すことができなかった「総論賛成・各論反対」の構造を打破することに成功している。

社会課題解決への展開

これからの製造業は、サプライチェーンの内部的な問題に取り組んでいるだけでは済まなくなっていく。また、社会的影響の大きい環境変化が起きた場合は産業全体あるいは社会全体で取り組む必要が出てくる。

たとえばカーボン・ニュートラルのインパクトは大きい。企業にとってスペックは秘中の秘である。しかしカーボン・ニュートラルが国策として掲げられれば、工場で出るCO_2量をオープンにせざるを得ない。また、外部で削減した量も貢献量として算入せよとなれば、組み立て企業だけでなく部素材メーカーもサプライチェーン全体のCO_2排出量、削減量を見なければならなくなる。いまはそういう流れが来ている。

ＳＤＧｓや社会課題が契機となって企業間の関係性を再構築するハードルが下がっていく。

逆に言えば、企業間の関係性を再構築させるプレッシャーが高まっている。カーボン・ニュートラルをグローバルに考えれば、途上国が省エネした部分を先進国が買うなどで弱い立場の人を置き去りにせず進めることができる。

そこでもトラストという言葉があればつなぎやすいのではないか。まさに世界規模での「共領域」の形成である。個々の企業にとっても、それは自分ゴトであるはずだ。

横通し活動を高次ミッション化せよ

社会実装における企業の組織形態の限界

企業が社会実装を実現する際には多くの障害が存在する。たとえばアイデアの多産多死が進まない、外部連携（オープンイノベーション）がうまく進まないといった組織形態によらず生じる障害がある。また実施主体が既存事業を有する企業だからこそ生じるタイプの障害もある。意思決定プロセスが長く担当者が疲れてしまうといったことや、既存事業のものさしで新事業を評価してしまうといったものである。これらの実施主体が既存事業を有する企業だからこそ生じるタイプの障害の背景には、大企業の組織形態が影響している。

そもそも企業は、複数の人が目標の達成に向けて効果的に機能するために、組織を設計し責任と権限を付与する。そして、企業は置かれている環境に応じて最適な組織形態を選択する。個別の専門性向上が重要な状況であれば職能別組織（研究開発、生産、販売など）をとり、迅速な環境・顧客対応が必要な状況であれば事業部別組織（A事業部、B事業部、C事業部）をとる。企業が置かれている環境にあった組織形態をとることで、事業の競争力を確保する。

一方、企業がイノベーションを社会実装する際には、その最適化した組織形態が逆に障害となってしまうことがある。社会実装に向けてはいくつかのステップが存在するが、そのいずれのステップにおいてもマイナスの作用をしてしまうことがある。

たとえばアイデア創出のステップでは、アイデアの素となる課題認識が重要となるが、この課題認識は事業の最前線にいる人材が有していることが多い。しかし、最前線にいる本人が多忙で時間が取れないこと、また直属の上司を含む周囲の協力を得られ難いこと、課題認識を事業アイデアに具体化する能力・知見が不足していることなどが障害になり、課題認識のまま埋もれてしまうことが少なくない。

事業を立ち上げるステップでは、スピードが重要となる。事業立ち上げに時間がかかると、市場環境の変化に遅れてしまい事業の価値を失ってしまうだけでなく、メンバーのモチベーションの維持も難しくなる。新事業はわかりやすい成果がなかなか出ないので、関与しているメンバーが既存事業のメンバーに比べて評価され難い傾向があり、そのため既存事業に戻りたいという引力が少なからず働いてしまう。事業立ち上げの遅延はこの引力を強めてしまう。

事業立上げのスピードアップには迅速な意思決定が重要である。しかし既存組織で意思決定すると、自然と従来事業と同じ評価方法で新事業を評価してしまう。つまり精緻な情報に裏打ちされた意思決定を行うことになる。新事業はまだ既存マーケットがないことが多く詳細な情報収集は困難である。それにもかかわらず根拠となる情報を手間暇かけて整備することになり、多大な労力を使うってしまうとともに意思決定も遅くなってしまう。

事業拡大のステップでは投入するリソースの量が重要となる。優秀な人材、顧客情報、流通チャネル、生産能力など多くのリソースを新事業に投入をしていくことが求められる。既存事業を有する企業は保有している資産、能力を利用できるためこの点はアドバンテージとなる。しかし、実際に利用しようとするとうまくいかないことが多い。既存事業は各リソースを高い効率で使用しており新事業にリソースを割くことが現実には難しい実態がある。たとえば、新事業は販路の開拓に苦労することが多く、新事業の拡販にも既存事業の販路を活用できれば効率的である。しかし既存事業で構築した販路は、顧客接点、人員のスキル・知識、目標設定の仕方まで既存事業の販売のために最適化されている。新事業の販売を簡単に加えるのは難しいことが多い。

社会実装に向けた横通し活動の必要性

以上みてきたように、企業が既存事業に最適化した組織形態のなかで新事業の社会実装を実現するには多くの障害が存在するが、この障害を回避していかなくてはならない。既存の組織を〝縦割りの組織〟と呼ぶならば、縦割りの組織のなかで新たな目的となる社会実装を実現するための〝横通し活動〟が必要ということになる。横通し活動とは既存事業の目標とは異なる目的のために既存の縦割り組織の横断でメンバーを選抜し、組織横断でその実現に向けて推進する活動である。本書で提唱する「共領域」の形成が重要であり、横通しとは、そこにいかに共領域を形成するかの取り組みなのだ、と言い換えてもいい。

組織の横通し活動は、社会実装の場面に限らず多くの場面で用いられてきている。有名な事例としては、日産のV字回復に寄与したCFT（クロスファンクショナルチーム）が挙げられる。同活動ではまず再生のために必要な9つの課題を設定した（事業の発展、購買、製造・物流、研究開発、マーケティング・販売、一般管理、財務コスト、車種削減、組織と意思決定プロセス）。そのうえで関連する部署から管理職を1名ずつ選抜し、横通しのチームを設置。チームの活動開始後2カ月後に「日産リバイバルプラン」を作成した。3つのコミットメント（連結黒字化、売上高営業利益率4・5％以上、有利子負債半減）を設定し、1年前倒しで達成するという大きな成果を出した。

この日産の事例は、過去長らく蓄積したしがらみにより縦組織だけでは解決が困難だった課題を、横通し活動を通じゼロベースで検討することで高い成果を挙げた事例である。横通し活動はこの事例に限らず、広く用いられてきている。トヨタ自動車をはじめとした自動車メーカーで新車開発時に設置している組織横断の責任者（重量級プロダクトマネジャー）もその一例と言える。

ただしこの横通し活動は縦割り組織の障害を回避する効果がある一方で実行の難しさも多い。まず1つは調整にかかるコストが高いことである。横通し活動は縦横2方向の組織の意向がぶつかることでコンフリクトが頻発する。コンフリクトのたびに毎回調整が必要となる。縦割り組織の一方向の指示命令系統に比して、横通し活動はどうしても調整が多く関係者が疲弊しやすい。また中途半端な意思決定を誘発しやすい面もある。横通し活動では意思決定を縦方向・横方向の交点にある組織の部課長クラスが行うことになるが、縦方向、横方向の両方向からの要求に応えきれず決定しきれないことが多い。仕方なくその場しのぎの中途半端な意思決定が行われてしまうことになる。

さらに、横通し活動の目的が社会実装となると難しさが増す。先の日産の事例では同社が経営不振できわめて悪い財務状況にあった。関係者に危機感が共有されており、この危機感が横通し活動をやりきる求心力となった。一方で社会実装では求心力の源泉となる危機感や必ず実現しなければいけないという逼迫感が生じ難い。縦割りの既存組織からすれば社会実装は〝うまくいかないよりは、うまくいければいい〟程度のものであることも多い。どうしても目の前の既存事業の論理が優先されやすくなってしまう。

横通し活動を高次ミッション化せよ

これら難しさのなかで横通し活動を推進するためには〝高次ミッション化〟がポイントとなる。横通し活動をその企業の優先度の高いテーマと位置づけ徹底することである。

そのためには、まず企業のパーパスにおいてイノベーションの社会実装がなぜ重要かということを明確にし、組織内に浸透させることである。パーパスとは自分たちは何のために働くのか、自分たちの仕事は社会にどう役立つのかという、いわば企業としての志である。このパーパスのなかで社会実装の重要性が語られると、横通し活動を推進する原動力となる。さらにパーパスが社員に共感を持って受け止めている状況になればこの原動力は力を増す。共感を醸成するために企業は多くのコミュニケーション施策を取ることが求められる。

ここで「共感」という言葉を用いたが、まさにこれこそが組織間の紐帯となる「共領域」の核心である。マトリクス組織はうまく機能しない、権限の配分が複雑になる、結局は縦割り組織のラインマネジャーがウンと言わなければ物事は進まない、という企業は多い（ほとんどがそうだろう）が、本書の主張は、マトリクス組織は手段であり、目的は「共領域の創出」にあるということだ。組織を目的的に動かすためには、異なる部署間でその目的を共有することが必須であり、時には自部署に一時的なマイナスが生じようとも甘んじて受け入れ、社会実装を実現するという価値観の共有がなければならない。それを縦割りの強制でやろうとするのではなく、その価値観を生み出す「共領域」をいかに設計するかがマネジメントの要諦となる。

重要な〝CXO〟の存在

こうした観点から、前述の「パーパスの明確化」に加えて、横通しのミッションを持ったCXOの存在も重要である。経営トップがパーパスにコミットして発信することは当然として、日々の具体的な意思決定の場面で縦軸、横軸の交点で発生するコンフリクトの最終決着をつける役割が必要となる。この役割を担うのがCXOである。CXOはトップ発信を受けてパーパスを体現する具体的な姿を発信し続けるとともに、発生するコンフリクトを全社最適の視点から最終決着をつける。そのために縦組織からリソースをはがして横軸の活動に専念させるといった決定も必要となる。通常、縦組織がリソースを有しており自然と権限や影響力が集中しやすい。そのため、横通し活動を推進するCXOは縦組織を所管する役員よりも上位の序列の役員が務め、全社的視点での最終決着を行うことができる体制とすることが望ましい。

さらに組織・人事評価も重要である。既存の縦組織の組織・人事評価にも横通し活動へ貢献を加えることが必須である。このことにより、横通し活動への吸引力を高めることが可能となる。企業内であれば、管理会計上数字をダブルカウントすることも可能であり、工夫次第で効果的な評価が可能となる。

共領域形成の実務

以上3点（パーパス明確化、CXO、組織・人事評価）が横通し活動の高次ミッション化を実現するための重要なポイントであるが、そのほかにも運営上は多くの工夫が必要である。一例として成熟事業のなか継続的なイノベーション生み出すために横通し活動を推進したAGC（旧・旭硝子）の例を挙げる。彼らはこれら3点のような主要なポイントを押さえたうえで、さらにコミュニケーション施策を中心に、次の10施策に代表される多くの施策を徹底して実施した。(注19)

1　経営トップから全従業員へのダイレクトメール
2　ミドルによる長期ビジョン策定
3　戦略タスクフォースの推進
4　幹部を集めた対話集会
5　若手や各拠点社員との対話集会
6　全社イベント（社内運動会）の復活
7　新規事業提案イベント（若手の活性化）
8　買収先人材の活用・キャリア採用の強化（新しいタイプの人材の重用）

注19：両利きの組織をつくる　~大企業病を打破する「攻めと守りの経営」~英治出版　2020．3
加藤雅則、チャールズ・A・オライリー、ウリケ・シェーデ

9　幹部対話合宿
10　役職者人事制度改定・人事断行（改革を断行するメッセージ）。

一つひとつの施策は目新しいものではないが、これら多くの施策を組み合わせ徹底して実施することで、ようやく縦割り組織の慣性の一部に変化が生まれ、横通し活動の吸引力向上につながるということだろう。なお本書の視点から言えば、上記の8と10以外はすべて「共領域」の形成に向けた取り組みと解釈できる。

また、次々と新しい事業を実装させているアマゾンでは、新しい製品・サービスを新たに立ち上げ軌道に乗せる際に、組織の横通しを円滑に進めるために次に示すような工夫が定着化している。（注20）

- 新しい製品・サービスのアイデアを思いついたらその本人が1ページのPR文章（最終製品のアピール文章）と5ページのFAQを作成**【実装イメージの明確化】**
- そのアイデアをさまざまな関係者（同僚、上司、他部署の従業員、上級マネジャー）から構成されるチームでレビュー**【実装時イメージの共有】**
- レビューを通ったアイデアは、具現化に必要なさまざまなスキルを持った6〜10人の2Pizzaチーム（2枚のピザで食事が足りるチーム）を組織横断で設置。MVP（Minimum Viable Product）を作成し、ビジネス仮説の検証を実施**【横通しのチーム設**

注20：The Three Stages of Disruptive Innovation: Idea Generation, Incubation, and Scaling, California Management Review, 2019.4, Charles O'Reilly, Andrew J. M. Binns

置と実施事項の明確化】

● ＭＶＰづくりのタイミングでは他部署・他プロジェクトとのコンフリクト・カニバリズムは問わない。競合他社のツールを含め、どのようなテクノロジー・ツールを使っても構わない**【検証のスピードアップのための不要な社内コンフリクトの回避】**

● その先事業化を進めるアイデアに関しては、上級管理職の監督のもと、必要に応じて追加的な最適なリソースが提供される。その要求に対し組織的に「ｙｅｓ」をいう文化が経営トップのリーダーシップのもとに根付いており、スピード感を持って事業を拡大することが可能**【横通し活動を後押しする風土】**

こうした各プロセスはアマゾン社内で細かく規定が設定されており、横通し活動を進める際の不必要な模索を最小限に抑えられるようになっている。短いプロダクトライフサイクルで次々と新しい事業を生み出していく環境にある同社がたどり着いた1つの姿と言える。

三菱総研の取り組み

共領域の形成が企業の活動を全体最適に向かわせるうえできわめて重要であることを指摘した。ただし、その具体的な方法論は企業の属する業種やこれまでの歴史、向かう方向によってさまざまであることは言うまでもなく、一般的に論じることは容易ではない。しかし、具体例がないとヒントにもならないと思われるので、以下では筆者らの勤務する三菱総合研究所の取り組みを、一つの事例として紹介することとしたい。

三菱総合研究所では２０２０年10月に開始した中期経営計画のなかで「ＶＣＰ経営」を標榜し、社会実装に向けて横通し活動の高次ミッション化を進めている。ＶＣＰとはValue Creation Processの略語であり、要するに政策提言から社会実装までを一貫して考えようという意識改革・事業改革である。

まず創業50年を機に1年超の期間をかけてパーパスに相当する経営理念の見直しを行った。この過程で全社員に対する意見収集や、職場単位や階層別の集会を繰り返し実施。またパーパス自体の作成も従業員代表のチームによるボトムアップで行い、丁寧に社員を巻き込むプロセスを実施した。

またパーパス設定後、中期経営計画でその実現に向けた複数の具体策を設定。その一つの施策として組織横通しの機能を設置している。統括する役員の配下に複数の責任者と会議体を設置し、横通しの情報流通を進めるとともに縦軸組織との調整を行っている。組織・人事評価においても横通し活動への貢献を全組織に一定の比率で加味する仕組みとした。

具体的には、三菱総合研究所には自主研究を行う組織（コストセンター）、受託研究を行う組織（収益セクター）、ソリューションを扱う組織（同）などがあり、それぞれが縦割りで活動を行っている。それらの組織を横につなげるため、まずいくつかの社会課題を設定した。社会課題は分野で設定され、たとえば「ヘルスケア」や「エネルギー」が該当する。それぞれの分野において、各組織からメンバーが集められ、たとえば日本の社会課題としてヘルスケアはどのように変革すべきか、その変革を進めるためにどのような提言を行い、どのような受託調査を行い、またどのようなソリューションを提供すべきかという全体ストーリーを描く。これが、組織間を結ぶ紐帯となる。そのストーリーを各組織が共有することで「共領域」が形成され、放っておくとバラバラになりがちな各組織の活動に一貫性が生まれてくることを期待している。

予想される組織間のフリクションに関しては、VCP全体を統括する委員会により調整を行う。また、各組織の期中目標設定にもVCPの要素を含むとともに、組織の中間評価でVCPを統括する委員会から各組織に対する横通し目線からのコメントを行うなど、組織業績評価にも一定の組み込みを行っている。

これら一連の取り組みを通じての結果として社内でのパーパスの浸透度、共感度は一定の水準に達しており、横通し活動の成果も少しずつ出てきている状況にある。

実際に運営してみてわかったことは、横通しを実現するには制度化（人事評価、組織評価）も重要だが、それ以上にパーパスの共有が効果をもたらすということである。三菱総合研究所の場合は、解決したい社会課題を明確化し共有することで組織間の連携ハードルは著しく低下した。

もちろん、繰り返しになるが具体的方法論は企業によりさまざまである。重要なことは、マトリクス組織などの組織論を形式的に取り込む前に、自社にとって必要な共領域とは何か、それを実現するために効果のある施策は何か、という思考プロセスを踏むことであると考えられる。

共領域を拡張せよ

ここまでは、企業内における各組織をつなぐ共領域についてみてきたが、前節(第2部2『共創力』から『コレクティブ・インパクト』へ) で述べた通り、共領域の考え方は複数企業間や、異なるセクターをまたぐことも可能なコンセプトである。コレクティブ・インパクトの実現には「エコシステムの存在」と「課題の共有」が不可欠であることを指摘したが、ここでは複数セクターにまたがる、いわば「拡張された共領域」の参考として当社による取組事例を紹介する。

エコシステムの構築

コレクティブ・インパクトを生むためのエコシステムとして、三菱総合研究所では「未来共創イニシアティブ (Initiative for Co-creating the Future：ICF)」と呼ぶ活動を開始した。

① 未来共創イニシアティブ（ＩＣＦ）の設置

当社は、従前から社会課題解決を目指す２つの会員ネットワークを運営してきた。２０１０年から続いている「プラチナ社会研究会」と２０１７年にスタートした「未来共創イノベーションネットワーク（ＩＮＣＦ）」である。前者は、地球環境問題を克服し、高齢者が現役世代に交じって活躍を続ける豊かな地域社会（これを「プラチナ社会」と呼んでいる）の実現を目指してきた。後者は、イノベーションとビジネスによって社会課題を解決することを標榜するとともに、課題解決に熱意を持ち、先端技術を有しているスタートアップの育成にも取り組んでいる。両会とも、趣旨に賛同いただいた組織に会員として参画いただいてきた。

２０２１年４月には、コロナ禍を踏まえた新常態の時代に向けて両者を統合し、より多くのステークホルダーの参画を得ることが、大きなコレクティブ・インパクトの創出に寄与するとの考えに立って、「未来共創イニシアティブ（ＩＣＦ）」として新たなスタートを切った。その特徴は３つある。

１つ目は、タイミングである。従前の２つの会員ネットワークの統合は、コロナ禍が顕在化する以前から検討してきた構想だが、感染症という「禍（わざわい）」を転じて新常態への加速という「福」となし、日本復活への好機としたい、という願いから２０２１年４月というタイミングを選んだ（天の時）。

コロナ禍は世界中の人の生命・健康を脅かすだけでなく、生活のあらゆる面で困難をもたらしていることは間違いないが、一方でコロナ禍で社会課題の解決が促進される面にも注目すべきである。日本での遠隔医療はその一例である。ずっと以前よりその必要性と有用性が訴えられていたが、現実的にはさまざまな「やらない理由」により棚上げされてきた。これがコロナ禍で「とにかくやらねば」という意識が芽生えたことにより、その社会実装が進んだといえる（ただし遠隔医療は現時点ではあくまで時限的な扱いである）。このような、「困難を超えてでも社会課題を解決すべき」というマインドは日本に限ったものではなく世界中で醸成されてきている。

2つ目は親和性の高い2つのネットワークと幅広い会員層を融合し、三菱総研は引き続き事務局としてネットワークのハブ機能を提供して、会員間の連携・協働を促進する触媒の役割を担うということである（地の利）。

加えて、当社が2020年に創業50周年を機に刷新した経営理念では「社会課題を解決し、豊かで持続可能な未来を共創する」ことをミッションとして掲げた。ICF事務局は、触媒からさらに一歩進めて社会実装の主体となるべく、いわばプロデューサーやアクセラレータと呼ばれる役割を果たしていきたいと考えている。

3つ目は、多様な参加者が互いをイコールパートナーとして尊重し協力する新たなエコシステムである（人の和）。

ICFには現在、総計500以上の多彩な会員が参加している。地域の具体的課題に取り組む自治体、製品・サービスの開発や販売のインフラを持つ大企業、最先端技術に強いスタートアップや大学・研究機関に、政策・制度面からの支援が期待される官公庁も加わっている。

相互の活動を通じて、社会実装のスコープとスピードを高め、大きな社会課題解決に向け、まさにコレクティブ・インパクトを狙うものである。それらの組み合わせ、マルチステークホルダー参加の相乗効果が、社会課題解決への大きなコレクティブ・インパクトを創出していく。

②取組事例

次にＩＣＦおよびその前身のＩＮＣＦ（未来共創イノベーションネットワーク）で取り組んだ社会実装のコレクティブな取組事例を以下に紹介する。いずれも、いかに「共領域」を見出したかという観点でお読みいただきたい。

【事例1】

東京メトロ×TRUNK

東京地下鉄株式会社（東京メトロ）と2015年設立のスタートアップであるTRUNK株式会社が協働し、育児中の女性を対象にプログラミングのスキルを提供する事業を展開した例である。

両社はINCFの取り組みのなかで、「人生100歳時代のキャリアはいかにあるべきか」を議論し、望ましいキャリア形成を阻害する社会課題の構造を紐解きながら問題意識を共有してきた。この課題解決のための事業モデルをオープンに議論しながら、自社が貢献できそうなことを検討したことが事業創出に結びついた。

この事業は、出産・育児により離職した女性が再就職・復職するためのプログラミングスキル養成講座を提供するものである。東京メトロはこれまで、通勤時の混雑緩和という社会課題の解決策として、コワーキングスペースを運営することでリモートワークを支援していたが、これを育児中の女性のスキル学習の場としても活用できるという着想を得た。TRUNKはそれまで、主として学生の就活環境の改善を目指し、企業が求めるITスキル学習を提供してきたが、そのノウハウを育児中の女性に活用することで今回の事業につながった。将来的には、ここで育成した女性の就職斡旋（あっせん）を事業機会にすることを目指している。

女性の活躍の場の拡大が求められて久しいが、欧米のレベルと比較すると日本の状況はまだまだ改善の余地が大きい。出産や育児に伴う制約が緩和されることで、女性の職業生活における活躍が促進されるだけでなく、人口減少対策という大きな課題解決への寄与も期待できよう。

なお、本事業の検討過程を通じて、東京メトロ・ＴＲＵＮＫ以外のＩＮＣＦ参加者も女性の健康・活躍促進というテーマへの関心が高まった。ＩＣＦに引き継がれた現在もこのテーマに関連する事業が複数検討されており、まさにコレクティブ・インパクトの形成に向けた活動となっている。

【事例2】

ＮＴＴドコモ・淡路市×Ｍｏｆｆほか

続いて、２０１３年設立のスタートアップ企業であるＭｏｆｆが、兵庫県淡路市、大手通信事業者ＮＴＴドコモ、関西看護医療大学・関西総合リハビリテーション専門学校に三菱総合研究所も加わるコンソーシアムと連携し、介護の予防に取り組む事例を紹介する。

少子高齢化により医療費・介護費が自治体の行財政を圧迫するなか、「健康寿命の延伸」は多くの自治体の共通テーマだが、課題の根は深く、抜本的な取り組みが期待されている。

淡路市では住民が「いきいき１００歳体操」に参加することで健康状態改善を通じて医療・介護費抑制につながるかどうかを検証する実証事業を行っている。ここではＭｏｆｆが開発した三次元モーションセンサー付きウエアラブルデバイスを用いて運動の効果を測定・データ化し、ＮＴＴドコモがデータ利活用促進サービスのノウハウを提供する。関西看護医療大学などからは医療・介護の専門的な知見が提供されている。今後、データに基づく合理的で効果的な施策立案を推進するサービス展開を目指した取り組みだ。

ＮＴＴドコモと当社は、プラチナ社会研究会の「介護・医療、健康づくり分野における官民データの利活用分科会」を起案し、課題の本質的理解を進めながら淡路市のモデルを他の自治体にも横展開する事業の企画・立案を引き続き検討している。

社会課題の共有

①社会課題リストの提供

三菱総合研究所では、ICFの活動の一環として、「イノベーションによる解決が期待される社会課題一覧（社会課題リスト）」を作成している。これは国内外のさまざまな社会課題を分析・整理し、特にイノベーションによって解決が期待される社会課題を、6つの分野（ウェルネス、水・食料、エネルギー・環境、モビリティ、防災・インフラ、教育・人材育成）から抽出し、解説するものである。

ICF前身のINCFが2017年度版社会課題リストを初めて発行して以来、社会課題の変化や技術革新などを踏まえ、毎年アップデートを重ねている。「社会課題はイノベーションの母」、イノベーションで解決すべき社会課題の提示は、ICF会員および社会課題に関心のあるすべてのステークホルダーにたいして共通の課題認識を提供し、ビジネスによる解決策を創りだすチャンスに対するアンテナの役割を果たしている（図表2-6）。

②社会問題、社会課題、解決への糸口

多様なステークホルダーが社会課題を共有し、解決に向けて協調していく基盤とするため、「社会課題リスト」では「社会問題」「社会課題」「解決への糸口」を構造化して整理している。

本書では、各分野において目指すべき未来社会の姿と現状とのギャップを「社会問題」としてリストアップした。さらに社会問題を解決するために取り組むテーマを「社会課題」と定義し、それぞれの社会課題の解決に関連する「技術動向」「規制動向」を掲載している。

③ポテンシャルインパクト

同書の大きな特徴の一つが、すべての社会問題について「ポテンシャルインパクト」を試算していることである。社会問題が成り行きのまま放置された場合と、問題が完全に解決された場合を比較して、その差分を損害・損失、改善効果・効用などの視点から推計（定量化）したものである。たとえばウェルネス分野の社会問題「生活習慣病による健康長寿の阻害」では、生活習慣病に関する医科診療費や、糖尿病の経済的コストなどをポテン

図表2－6：マルチステークホルダーによる社会課題取組事例（医療・介護費抑制、健康寿命延伸）

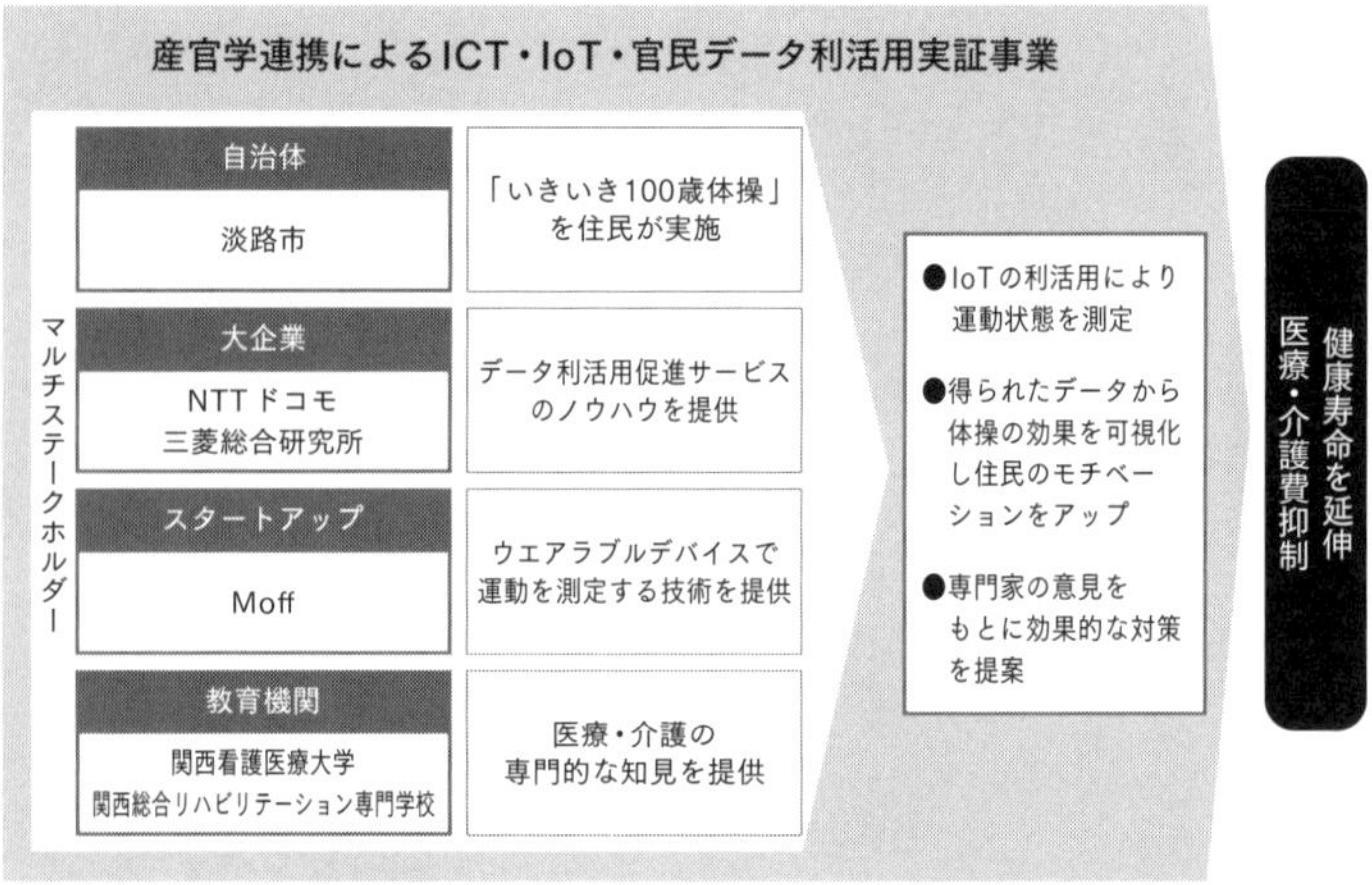

出所：三菱総合研究所

シャルインパクトとして掲載している。

こうしたインパクト試算を掲載することで、課題の大きさや市場の可能性を多様なステークホルダーが具体的に共有することが可能になる。

④日本とグローバルの3視点

さらに同書では、「日本発」の視点に加え、国連の「持続可能な開発目標」（SDGs）にも注目している。SDGsの掲げる17のゴール・169のターゲットの中から、ICFが目指す「革新的技術による解決」と「ビジネスによる解決」のアプローチを適用できる合計64のターゲットを抽出し、グローバルな視点から取り組むべき社会課題を整理・定義した。

このような検討に基づき、ICFは、以下の3つのグローバル視点で課題解決の途を整理している。

1 日本では解決済であるが、日本の技術を用いることがグローバルでの課題解決に結びつく（例：高い新生児死亡率）
2 日本でも課題が顕在化しており、日本で先行的に解決を実現することがグローバルな課題解決にも資する（例：生活習慣病の増大）
3 グローバルな課題に日本が率先して取り組むことが、将来の日本の課題解決にも役立つ（例：世界的なタンパク質需要の高まりに伴うタンパク質の調達困難）

⑤問題間の相互関係

社会課題リストでは、全体を6分野（ウェルネス、水・食料、エネルギー・環境、モビリティ、防災・インフラ、教育・人材育成）に整理して課題を記載しているが、各分野は独立ではなく、相互に関連している。ある分野の問題を解決することが、同時に他の分野の問題を解決し、また、それが別の問題の解決につながるという「正の連鎖」を引き起こすように課題設定できることが理想的である。反面、ある問題の解決が、他の問題を深刻化させるケース（負の連鎖）もあり得るため、そのような角度から検証することも必要である。

- **正の連鎖の例**：国内外で失業率が問題になっている一方、医療介護サービス分野や農業分野では人手不足が深刻である。異なる仕事へ転換するには、再教育（リカレント教育）が必要。安価でいつでもどこでもアクセスできる教育の場が提供されれば、労働力が必要な分野に再配置され、失業と労働力不足の双方の解決に役立つ。
- **負の連鎖の例**：自動配送ロボットは、ドライバー不足や仕事に忙しい世帯にとっては有効な解決策になる。しかし、地方の高齢世帯の多い地域では注意が必要である。買い物を通じた歩行や人との交流（健康維持）の機会を奪い、ウェルネスにマイナスの影響を与える危険もある。短期的な解決策もさることながら、長期的には、「歩いて暮らせるまち」や「歩くことが仕組まれたまち」への転換も選択肢に入れて課題設定することがよりよい解決策を生むことになる。

4 政府・産業界は何をすべきか

日本の社会実装力を向上させるためには、個々の企業やその他の組織による個別の取り組みだけでは限界がある。企業の集合体としての産業界、そして国が関わることでわが国のさまざまなプレイヤーはより「共創力」を発揮できるようになるはずである。

産業界の問題意識

産業界は、「社会実装力」こそがわが国の次なる成長、社会課題の解決、グローバル競争力向上のカギと認識している。また前述の通り、グローバルな競争が激化するなかでわが国の社会実装力がスケール、スピードの点で劣後していることに大きな危機感を感じている。同時に、たとえば国プロの成果が社会実装にまで結びついていないのは、産業界にも多大な責任と課題があることを自覚している。

特に近年では、わが国が早期に社会実装に成功したが、産業としては逆転負けした事例（半導体、ＰＣ、携帯電話、液晶パネル、太陽光パネルなど）が続いている。これらの事例は、製品技術や製造プロセスが標準化、デジタル化され、製品がコモディティ化するとともに大規模な設備投資による量産効果、コスト低減効果が競争力を左右した点で共通している。今後、ＥＶや二次電池、水素などで同じ轍を踏まないようにするためにも、社会実装後の産業競争力の維持強化、スケールアップ戦略も重要な課題である。わが国においてＤＸの社会実装が遅れた要因を含めて総括し、打開策を具体化する必要がある。

より具体的には、グローバルなグッドプラクティスをベンチマークして、わが国の「共創力」を発揮しうる真の産官学連携、バリューチェーンをつなぐチーミング、プロジェクトマネジメントなどを変革することが必須である。そのためには、産業界と国の双方が率直に対話をして、社会実装を可能ならしめるよう制度や仕組みをブラッシュアップしていくとともに、これまでの成功体験や既存の価値観に拘泥せずに行動変容を急ぐ必要がある。

官の課題と改善の方向性

本書の「分析編」で見た通り、現行の国プロは成果をより社会実装に結びつける必要が認識されている。すでに国の関与する技術開発から社会実装に至るつながりを改善するための取り組みや既存プロセス見直しの動きが始まりつつあるが、以下ではこれまで指摘されてきた問題点を踏まえて、主な改革、改善の方向性とポイントを以下に列記する。

①十分な検討時間の確保

デザインフェーズには十分な時間を割く必要がある。たとえば、米国のＤＡＲＰＡでは、テーマ設定に十分な時間を割くとともに、(注21)ワークショップも頻繁に開催している。一方、わが国の予算事業は単年度会計であるために、予算のつくり込み、テーマの絞り込みに十分な時間が割かれないことがあり、かつ、時期が集中する。この点は特に補正予算で顕著となる。結果として事業の設計、つくり込みが粗くなる傾向も散見される。

わが国においても基金化やファンディングエージェンシーの運営費交付金を活用するなど、

注21：https://www.meti.go.jp/shingikai/sankoshin/sangyo_gijutsu/kenkyu_hyoka/pdf/002_03_00.pdf

単年度会計に縛られずにデザインフェーズに十分な時間を確保する必要がある。同時に研究開発プロジェクトを全テーマ同時に開始するのではなく、順次設定・開始していくなど、業務集中を避ける工夫が有効である。

②経験の組織的蓄積・活用

プロジェクトを企画、実行して社会実装につなげる一連の経験を通じて得られるノウハウが重要であり、それを新たなプロジェクトを立ち上げる際に活用することや制度の改善につなげることはさらに重要である。しかし、わが国では多くの予算事業が立ち上げられては数年で終了しており、事業を実施して得られた貴重なノウハウが蓄積・継承されず、改善につながらなかったり、効果が確認できない場合が多い。

事業の頻繁な「入れ替え」を避けることはもちろん、事業が終了する段階で得られたノウハウを形式知化することにリソースを割くこと、新しい事業を立ち上げる際に過去のレッスンからの学習を義務づけることも有効と考えられる。

科学技術振興機構のイノベーションハブ構築支援事業では、事業の実施で得られたノウハウを「ノウハウレポート」としてまとめる取り組みを行っている。(注22) また、NEDOではノウハウを「研究開発マネジメントガイドライン」として形式知化してプロジェクトマネジメントに活用している。また、研究開発ではないがJICAの事前評価では、過去の事業の教訓が適切に

注22：https://www.jst.go.jp/ihub/seika.html

反映されているか否かも確認している。(注23) このような成功失敗にかかわらず経験やノウハウを見える化して共有する仕組み、それらを次の取り組みに反映、活用するプロセスをさらに進化させていく必要がある。

③現場の知識・ノウハウを企画や運営にフィードバックする仕組み

たとえば、府省が企画し、資金配分機関が実施するという枠組みの場合など、研究開発プロジェクトの企画運営がトップダウンのみだと、現場で蓄積される知識・ノウハウを企画運営にフィードバックすることが難しい。プログラム評価を活用して現場からのフィードバック結果を制度改善につなげるといった仕組みづくり、権限を階層的に委譲して現場に自由度と裁量を与える仕組みづくりを重視すべきである。

④担当者の専門性・継続性向上

研究開発プロジェクトの企画運営には専門性が求められ、長期の研究開発では継続性も重要である。しかし、わが国では府省の担当者が頻繁に異動するために専門性を高めることが難しく、継続性も確保できない。専門性を活かせる人材配置が求められるほか、プロジェクトの企画運営を資金配分機関に委譲して専門性と継続性を確保する、外部評価委員会の有識者は継続

注23：https://www.jica.go.jp/activities/evaluation/before.html

させるといった工夫が重要である。

以上を実行するには、大きな社会課題を関係者が共有し、ベクトルを合わせて活動することが重要と考えられる。国全体で「共領域」を形成する試みである。いまの時点でその有力な候補としてカーボン・ニュートラルを挙げることができる。カーボン・ニュートラルに関してはその実現性に否定的な意見も散見されるが、「共領域」の形成に資するテーマであると我々は考える。

たとえばカーボン・ニュートラル実現を目指して設置されたグリーンイノベーション基金では、これまでの技術実証から社会実装の壁を乗り越えるため、すでにさまざまな改善策が検討されている。今後は環境政策、エネルギー政策、産業政策、財政や税制などを縦割りで検討するのではなく、さまざまなトレードオフや排反事象を乗り越えて個別最適から全体最適を目指す必要がある。産業界も当事者として議論に参加し、カーボン・ニュートラルというアウトカム目標の必達に向けた取り組みを通して、持続可能な社会を実装するための施策を具体化していくことを望みたい。

社会実装を見据えた新たな仕組みを創設せよ

以上で見たように、わが国のイノベーションを社会実装に結実させるためには産官学が真に協働しうる「共領域」の形成が有効であり必須である。そのためには、これまでにない新たな仕組みも整備することが求められる。

2021年よりスタートしたわが国の「第6期科学技術イノベーション基本計画」では、「社会実装力の強化」が重要課題として挙げられている。そのなかで、総合科学技術・イノベーション会議（CSTI）が、科学技術・イノベーション政策の司令塔機能を強化するため、府省や分野の枠を超えて自ら配分できる予算「科学技術イノベーション創造推進費（以下、創造推進費）」を新たに所掌するなどの施策が計画されている。

産業界でも「社会実装力の強化」こそわが国の次なる成長、社会課題の解決、産業界のグローバル競争力向上に必須の課題と認識されており、ここ数年さまざまな議論がなされている。そのなかで、（一社）産業競争力懇談会（COCN）では、「社会実装」を「新たな市場の創造や社会課題の解決のため、関連する社会システムが有機的に結びつき、その目的を果たすとともに、自律的な再投資のサイクルが回ること」と定義している。さらに国の資金による技術実証から民間投資が自律的に回る環境整備を求めると同時に、産官学の垣根を越えて社会実装を目指す「創造推進費」の制度設計、実運用に対して以下の提言を行っている。(注24)

● プログラムへの本格的な着手に先立って実装までのシナリオを描くため、プログラムに「デザインフェーズ」を設ける。その期間は年単位でしっかり確保し、資源配分(予算)の裏づけをつける。このフェーズは実装を確実にするための手段であり、スピード感を欠き、実装が遅れることがあってはならない。そのため、主導するPD(Program Director)による裁量の自由度が高いアジャイルな仕組みとすべきである。

● 長期的にプロジェクトを統括するPDは常設し、最高人材を充て、テーマとPDは一体でデザインフェーズに先立って決定する。プログラムを推進する主体も、最も力のある企業が集まり、最高の知見と能力を備えた世界で戦える「ドリームチーム」を結成できる仕組みとすべき。

● プログラムの制度設計は、個々のテーマごとに、PDがデザインフェーズで描く具体的なシナリオに基づいて決定できる柔軟性を有すべき。

● 進捗評価はデザインフェーズで設定したKGI(Key Goal Index)のもと、社会実装を基準に、市民や外国人の視点も含め、時期も年一度でなく必要の都度行って、フィードバックをはかる。

● 創造推進費は社会課題解決のための「イノベーションと実装の資源」である。国が資金

注24:一般社団法人 産業競争力懇談会,「社会実装に向けた「科学技術イノベーション創造推進費」のあり方」エグゼクティブサマリー(抜粋),2021.1.6, http://www.cocn.jp/material/aa7d63efc8e9332f54c40edefb448ccb789b4ae7.pdf

を投入する分野、官民が協力し合う分野はデザインフェーズでしっかり確認する。産業界は自らの関心分野を発信し、そこに国の資金を集中することにより、民間の投資を誘発し、アカデミアへの投資にもつながる産官学連携が必要である。

- 創造推進費については、協調領域と競争領域の区別や利益相反への懸念よりも、まずは社会課題の解決（実装）を優先した投資を行うべき。

このCOCNの提言は、社会実装まで至らないこれまでの国のプログラムの課題を踏まえて、変革、改善のポイントを具体的に示している。産業界としての反省や意識改革も含めて産官一体で仕組みの見直しと運用の改善を図り、成功事例を創出しようとするものである。

これに加えて、従来の大企業中心の産官学連携の在り方についても見直しが必要と考える。JST／CRDSの分析によると、ライフサイエンス分野の世界的なイノベーション事例15件のうち90％がスタートアップ、インキュベータ、アクセラレータなどの連携によるものである。なお残念ながらこの15件のイノベーションに日本は登場していない。

すなわち世界では、従来の企業、大学、研究開発法人中心の産官学連携にとどまらず、イノベーション、社会実装を実現するプレイヤーとしてスタートアップやさまざまなステークホルダーが参画、連携して共創するエコシステムすなわち共領域が萌芽し主流になりつつある。以下は、EUにおけるミッション起点のイノベーション共創の仕組み（図表2-7）、MITがボストンを中心に推進するREAP（Regional Entrepreneurship Acceleration Program）のコ

図表2－7：EUのカーボン・ニュートラル施策例

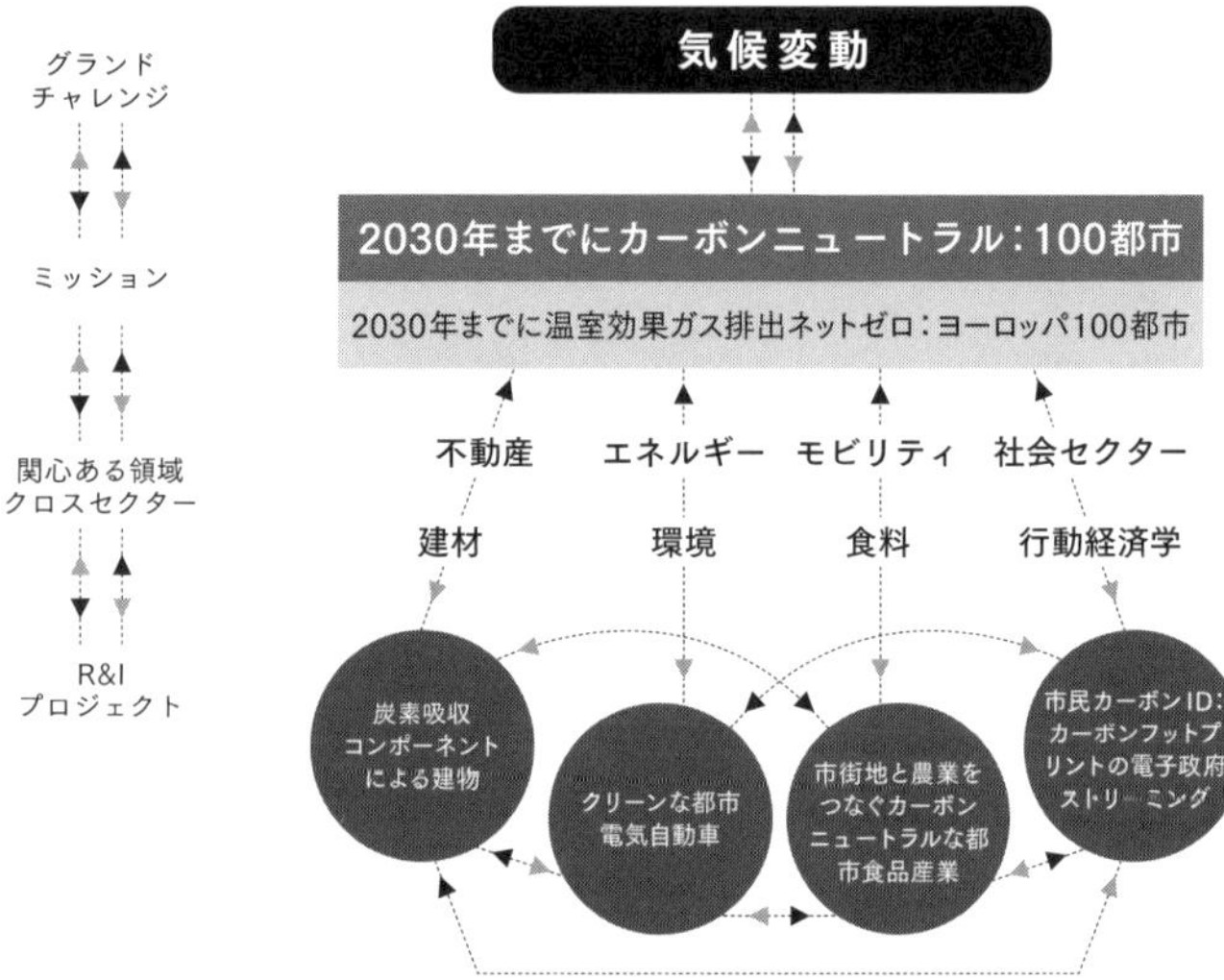

出所：European Commission," MISSIONS Mission-Oriented Research & Innovation in the European Union",Feb 2018,P 26, 図中の表記は三菱総合研究所が翻訳

図表2－8：米MITによる起業促進プロジェクト

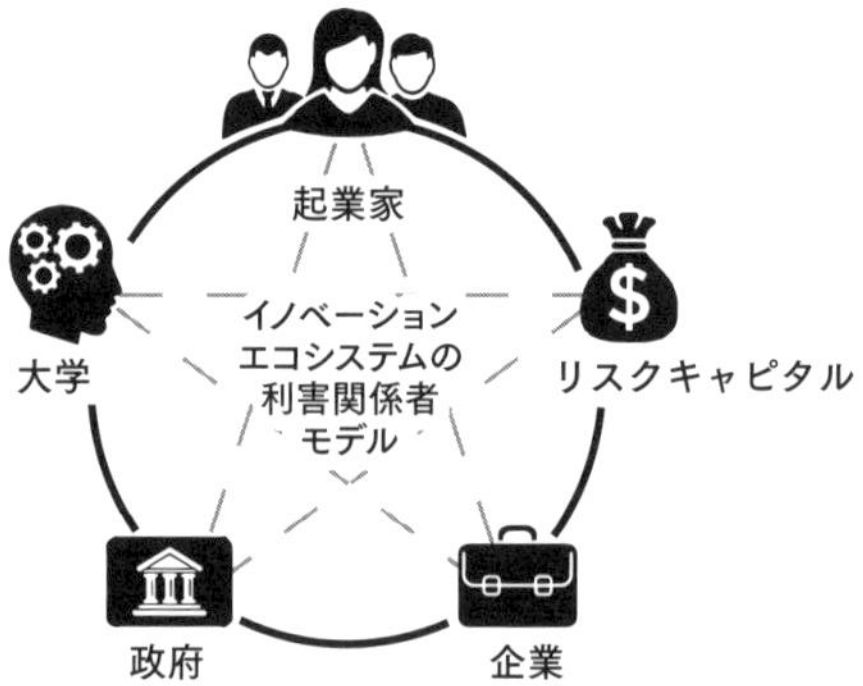

出所：MIT REAP," Overview - MIT REAP: Achieving Economic Growth Through Innovation-Driven Entrepreneurship.",Jun 2020,P 2, 図中の表記は三菱総合研究所が翻訳

ンセプト（図表2－8）である。いずれもイノベーションの担い手になる多様なステークホルダーが連携する新たな共領域の形成を目指している。日本においても大企業中心の産官学連携からスタートアップなどのアントレプレナも参加、連携する共領域、エコシステムによる社会実装への方向転換を急ぐ必要がある。

図表2－9は、解決すべき社会課題・ニーズの設定、研究開発、社会実装までのプロセスにおける共創のプロセスを示すものである。

ポイントは、一連のプロセスの3つのフェーズに応じて、社会課題・ニーズ設定をCo-Design、研究開発成果をCo-Production、社会実装をCo-Deliveryする点にある。それぞれの内容は次のように考えられる。

図表2－9：社会課題解決の実装に至る共創プロセスのイメージ

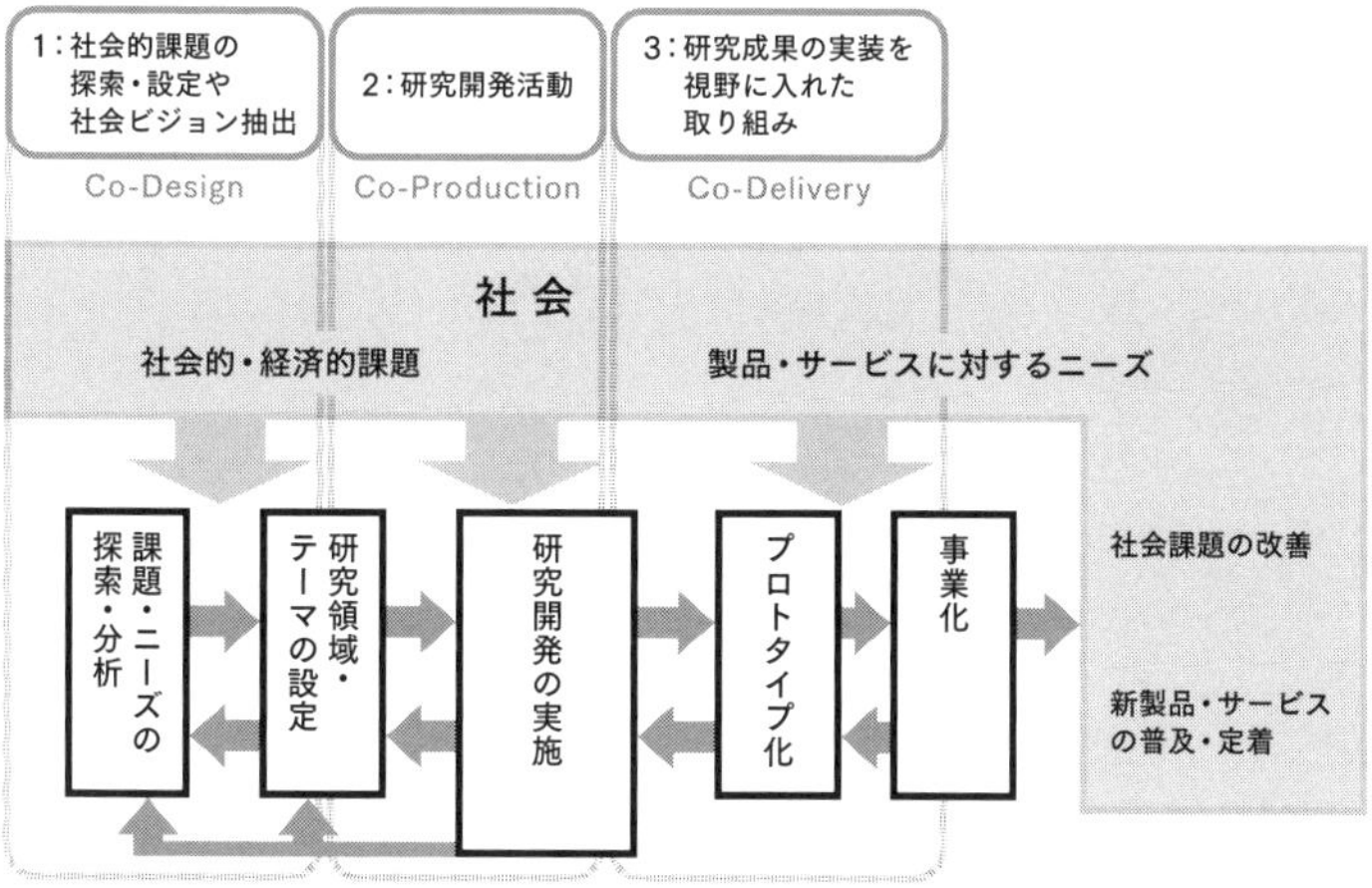

出所：三菱総合研究所

フェーズ１：社会的課題の探索・設定や社会ビジョン描出（Co-Design）
フェーズ２：研究開発活動（Co-Production）
フェーズ３：研究成果の実装を視野に入れた取り組み（Co-Delivery）

従来は、２番目の研究開発フェーズにおける連携（Co-Production）の在り方が議論の中心であったが、イノベーション、社会実装の実現のためにはそれだけでは不十分である。上流の課題・目標の共有と合意（Co-Design）、下流の社会実装を実現するバリューチェーンに必要なステークホルダーによる共創（Co-Delivery）が一本のストーリーでつながることがきわめて重要である。

以上、主にイノベーションの主体となる産業界やスタートアップを中心に共創の在り方について言及した。具体的な事例として、企業とスタートアップ、国や地域との連携、共創を推進する三菱総合研究所の取り組みは第2部２「『共創力』から『コレクティブ・インパクト』へ」で記した通りである。

産官学人材流動の垣根を撤去せよ

産官学連携をはじめ社会実装に向けた共領域の形成による共創の実現のためには、闊達な人材の流動による組織間の壁の打破、目的と目標の共有による一体的な取り組みが不可欠である。ここでは、わが国における人材流動の現状と問題点、課題解決のための具体策について詳述する。

① 現状と課題：進まない産官学の人的流動

産官学の人材交流はこれまで必要性が叫ばれていながら、一般的な流れにはならなかった。この背景には、日本の雇用慣行、なかでも日本型雇用と呼ばれる1960年代以降に主に大企業や官公庁などを舞台に成立した雇用システムがある。ここでは日本型雇用のうち、イノベーションを社会実装していくにあたって不可欠と考えられる、人材の流動化に特に関わると考えられる部分に着目して「日本型雇用」を概観し、今後のイノベーションと社会実装をリードしていく人材の育成を見据えたキャリアパスの在り方について検討したい。

②「日本型雇用」とは：キャリアを規定するのは「組織」か「職種」か

大企業や官公庁において定着した「日本型雇用」は、非常に大胆にまとめれば、正規雇用による安定的な長期勤続とそのための各種制度にその特徴が求められる。ただし、その本質は「企業内での移動・昇進」を重視する仕組みと捉えることが適当である。

日本型雇用は、近年「メンバーシップ型」「ジョブ型」と呼ばれるように、組織の成員としてのメンバーシップを重視し、組織内での平等性が高く（企業においてホワイトカラーもブルーカラーも年功による昇進昇格・処遇アップの機会がある）、一方で組織間（企業規模・産業など）の格差が大きいという特徴がある。いわゆる「ジョブ型」とされる欧米型の雇用では、同様の職種であれば組織間の処遇格差は大きくはなく、労働者の処遇差は主として職務によって説明される。日本型雇用におけるキャリア形成は、組織内の縦系の異動＝昇進を、職種を問わずに果たすことが合理的となる。ここでは、ある職種としての専門性よりも、特定企業において特異的に必要とされる能力の蓄積と発揮が求められる。そのため、人材の採用にあたっても、企業特異的な能力獲得の可能性、つまり学習能力・適応能力といったポテンシャルを重視することとなる。さらに、ポテンシャルを重視する「新卒一括採用」による職務無限定な「総合職」採用を行うことによって、高等教育における専門性との関係性が希薄なキャリアパスが一般化した。

こうした日本型雇用の在り様は、労働者から欧米のような職種専門性に紐づいた人的資本形成に向けた動機を失わせた可能性があり、結果として企業特異的な能力開発＝長期勤続による社内異動による昇進・昇格システムが日本における大組織（大企業や官公庁など）での職業生活の典型的パターンとして確立されたと考えられる。日本型雇用システムは高度成長期に歩を合わせて確立されたが、いわゆるキャッチアップ型経済にあった当時の日本において合理的な仕組みでもあった。かつての「水道哲学」にみられるように、特定のプロダクトをより効率よく生産し、国内を大消費地として販売していく体制において、各企業が自社の事業形態に合わせて人材をゼロから教育できることは経営戦略の実現において重要な事柄であった。さらに、社会的には雇用を安定させることで他の先進諸国にみられる現役世代向けの社会保障の規模を経済規模に比して抑制することに成功した半面、失業に伴う労働移動支援施策やそのための人材サービス産業の成熟を遅らせたとも考えられる。

このように日本型雇用は、時代的背景を踏まえつつ「雇用慣行」の枠を超えて、社会保障制度、税制、家族制度、教育制度などと相互依存関係を深めながらメリットシステムとして構築されていった。そして、これらの日本型雇用のメリットを最も享受したのが大企業労働者、官庁勤務者、大学人らであった。これら産官学の人材は、組織内重視型（メンバーシップ型）の日本型雇用の下、相互にキャリアを交錯させる機会は従来多くはなかった。

③組織を越えた経験と能力を得るために：産官学スパイラルアップ型の人的資本形成へ

「イノベーション実装人材」の不足：必要な人的資本は産官学に分散

日本型雇用を背景とした産官学の人材の流動性が低いことの何が問題なのか。すでに多く指摘されているようにイノベーションを生み、社会実装を果たしていく人材（「イノベーション実装人材」という）には、アカデミアにおける高い研究能力に加え、たとえば多機関協働の大規模な研究プロジェクトを推進・管理するようなマネジメント能力も求められる。さらに、研究開発の成果を社会課題解決に用いる視点や、新技術を社会的に均霑化していくための方略の検討と実行（インセンティブスキームの検討やロジスティクスなどが想起される）など、ビジネスセンスの活用も求められることになろう。いわば、従来産官学に分離して存在してきた職業的知見・能力の統合的な発揮が求められるようになっているということにほかならない。

人材要件の可視化とメリットシステムの転換で産官学の人材流動を加速

ではこのようなイノベーション実装人材を大量に労働市場に供給するために、大企業や官公庁、大学など研究機関における雇用の安定性を下げれば、目的は達成されるのかといえばそうではない。単なる人材の流動化では、人材戦略そのものが短期的な目標達成にいそしむショートターミズムの罠にはまることになる。（注25）

注25：あるいは、産官学の人事交流も単に各組織に不足する知見やマンパワーの補強といった、組織本位の人的流動ではイノベーション実装人材としての体系的なキャリア開発とはならないことにも注意が必要。

日本型雇用は組織重視の内部昇進型である。この方式は、組織内人材の雇用を維持することが重視されるため、長期的な観点での人材育成や評価が可能となるという面がある。今後のイノベーション実装人材の育成には、この日本型雇用の特性を活かした戦略が必要だ。

ここでは、産官学の人材流動を安定的に作動させ、イノベーション実装人材の育成を行うため、日本型雇用の持つ安定性は維持しつつ組織外の経験や知見を自ら求め、そうした人材を積極的に評価していく環境を構築していくことを提案したい。

そのために、組織内での評価基準を組織横断的、もしくは外部組織での異業種・異職種経験を積極的に評価する、いわば組織内のキャリアパスを上る際の評価基準の転換を図ることが必要となる。具体策として、以下の4点を産官学の各組織の実施事項として提案する。

1 自組織における「イノベーション実装人材」の人材要件の確立

自組織の領域ごとに求められる「イノベーション実装人材」に求められる具体的な能力や資質、経験などの可視化。(注26) 人材要件の可視化をもとに、必要な経験・知見を得るための機会を2で実装。

2 産官学各組織での戦略的人材流動施策の実行

人材要件を満たすべく、戦略的出向、人事交流、中途採用活性化、出戻り制度、留学／留職制度、兼業／副業の実施・受け入れなどの能力開発制度・プログラムを開発・実行。

注26：三菱総合研究所では職のミスマッチを解消する「FLAPサイクル」(職業を知り、学び、動き、活躍するサイクル）を提唱し、この実現に向けて職種ごとの組織を超えた職務定義の可視化と人材戦略への活用を政府、産業・職能、個別企業の三層連携で進めていくことを提言している（三菱総合研究所（2021）「データで読み解くポストコロナへの人財戦略—FLAPサイクル実現に向けて」（https://www.mri.co.jp/knowledge/insight/20210428.html））。

3 産官学各組織での組織間移動に対する評価基準の転換

組織間移動のキャリアが、組織内の昇進・昇格において重視されること、同期に対して昇進速度が劣後しないこと、上位ポジション登用の要件とするなど。

4 産官学移動に係る個人のキャリア・生活へのデメリット解消

フリンジベネフィットの格差は産官学移動のディスインセンティブとなる可能性があるため、組織間移動に伴う、退職給付減耗、年金などの制度間格差の是正。

産官学によるイノベーション実装人材育成は個人と組織の「スパイラルアップ」で実行

「イノベーション実装人材」の育成の加速に向けて以下2点を強調しておきたい。

第1は、産官学の人材流動は単なる組織を超えた人材ローテーション=サーキュレート(注27)ではないという点だ。「イノベーション実装人材」の育成は、産官学の各組織において得られる知見と経験を積み上げて、組織間移動を通じてキャリアアップしていく「スパイラルアップ」の人材育成モデルであることを強調したい。

学びや経験を蓄積する過程(人的資本の蓄積)を産官学が社会全体として用意しうるか、そして、組織の枠を超えて、人材を評価する文化を根付かせることができるかどうかが蛸壺型人材育成による個別組織最適化からの脱却とイノベーション実装人材の育成と彼ら彼女らによる社会実装の進展のカギになる。

第2に、産官学のスパイラルアップは、個人のキャリア形成にメリットがあることはもち

注27:流動性の高い労働市場で所属組織間移動を頻繁に繰り返しつつ、キャリアパスとしての上方移動が見られない(人的資本形成がなされない)在り様(労働政策研究・研修機構(2021)「長期雇用社会のゆくえ - 脱工業化と未婚化の帰結 -」『労働政策研究報告書』No,210,(独)労働政策研究・研修機構、に詳しい)。

ろん、産官学の各組織においても個人の人的資本の蓄積を通じて自組織のイノベーション、社会実装力の向上、組織ミッションの再定義（組織の存在意義の再定義）というメリットを享受できるということだ。この組織的メリットは、産業界、官公庁、学界でそれぞれ異なるアウトカムとして認識されると考えられる。ただし、日本社会におけるイノベーションの賦活化と社会実装の進展をパーパスとして産官学が共有しておくことができれば、産官学の三者が三様に今日の社会経済において重要な役割を果たし続けることができるはずだ。最も大きなリスクは、組織間での人材の奪い合いによる組織・人材双方の疲弊や人材流動による技術・ノウハウ・ビジネスアイデアの流出を過度に恐れることによる閉鎖性の強化による産官学のイノベーション・エコシステムの硬直化だ。

これを避け、組織・人材の双方が「イノベーション実装人材」の育成メリットを享受するためには、産官学の各主体が、自組織の置かれた環境と期待される役割を知り（Find）、その役割を人材育成上、組織の枠組みを超えてどのように果たしていくかを学ぶこと[注28]（Learn）がその第一歩となる。さらに自組織の新たなミッションを果たすべく、戦略転換、機構改革、人的資本投資などを組織や産業の枠を超えて成し[注29]（Action）、イノベーションの社会実装に向けて一段高い組織ミッションの達成（Perform）というサイクルを回していくことが求められている。

注28：本稿後180ページのコラムには先行事例としてアメリカ国防高等研究計画局、ドイツフラウンホーファー研究機構の実践例が掲載されているので参考とされたい。

注29：個別の企業などを超えた職務定義・能力開発プログラムの構築事例として、英国Apprenticeship Standardsにおける職業別Trailblazer groups、ドイツ職業訓練規則（BBiG）のメンテナンスに向けたBBIB（連邦職業教育・訓練研究所）における労使委員会など。

社会実装を実現するポイントのまとめ

本節で述べてきた「産官学が連携して国プロ成果や共創活動を社会実装に結びつけるための要点」を、改めて要約すれば以下の5点になる。

1 社会実装をゴールとしたプログラム設計

・研究・技術開発から社会実装、事業化までが一本のストーリーでつながり、シームレスで推進できる制度、予算
・初期はアジャイルに推進、フェーズの進展とともにマイルストーンごとに厳しく進捗管理

2 プロジェクトの開始前にデザインフェーズを設け、以下を明確化・具体化して合意

・解決を目指す社会課題、実現すべき未来社会像
・社会実装の結果達成するアウトカム目標、社会価値
・プロジェクトを最後まで引っ張るリーダー
・研究・技術開発から社会実装、産業化までに必要なステークホルダーの選定とチー

ミング
・各ステークホルダーのミッションと達成目標

3　バリューチェーンを構成するステークホルダーにより共領域を構築

・企業、国、大学、国研、スタートアップ、キャピタリストなど多様なステークホルダーが参画し、それぞれの役割を明確にしたうえで連携、共創
・フェーズごとに各組織を人材が闊達に流動し、連携、共創、共領域の求心力として機能

4　結果評価を徹底し成果を各ステークホルダーに還元

・アウトカム目標に対する第三者による評価を徹底し、成功・失敗の要因を分析
・知見、ノウハウを見える化して組織知として共有
・各ステークホルダーの成果、貢献度を評価し、財務・非財務両面の価値として還元

5　産官学の垣根を超えた人事交流による人材育成

・研究、技術開発・実証、社会実装までを経験することで、産官学それぞれの立場での次世代リーダー、イノベーターを育成
・産官学の間の異動を評価する人事システムの実現

社会実装を成功させる要諦は、「放っておいたらつながらないヒト・コト・モノをいかにつなぐか」に尽きる。「この指止まれ」では、紐帯力に限界があるため、ゴールである社会実装

までたどり着かない。

以降のページで国内外のグッドプラクティスを概観する。各国とも「放っておいてはつながらないことをいかにあの手この手でつなげるか」を競っていることが理解されよう。

わが国でも産官学連携、官の縦割り行政の横通し、異業種企業間の連携など、明確なインセンティブ、共通の価値観と目的意識を軸にバリューチェーンをつなぐメカニズムを持ち機能させる必要がある。一定の強制力を用いる必要が生じる場合もあるであろうが、基本的にわが国の場合は信頼にベースを置く自発的な「共領域」というコンセプトを政府、業界団体が重視して施策を進めていくことが重要ではないだろうか。

グッドプラクティス事例の概要

以下では、いままで記述してきた内容を体現する部分が多くみられる国内外のグッドプラクティス6事例を紹介する。各事例の中には、前出「社会実装を実現するポイント」で提示した5つの要素がさまざまに組み込まれている。それらを俯瞰すると人材の流動と交流をテコにした共領域の形成（放置していたらバラバラだった人々の意味あるつながりの創出）が最も重要な共通要素と思われる。

ＤＡＲＰＡ（米）は産官学間の人材流動性を高めるだけでなく、採用したプログラムマネジャーにきわめて大きな自由を与えリスクを取らせ起業家的資質を伸長する。ＤＡＲＰＡは自らリスクを取り、関係者を巻き込んで開発スピードを上げ、社会インパクトを拡大する数々の仕組みを社会に提供している。

ドイツの官民融合の研究機関であるフラウンホーファー研究機構は、同国で産官学の人材交流を急拡大した当事者であり、研究と実装の双方を俯瞰できる人材の育成を念頭に置いたプログラムとキャリアプラン、さらにはそれを駆動する健全な競争環境を整備している。

Horizon Europe（ＥＵ）では先端研究、社会課題解決、市場創出の3要素を連接・包摂するためにＥＵが多額の予算をつぎ込んでいることがわかる。特に商業化社会実装の開発予算ではなく投融資のファンドを用意している。また、イノベーション促進のこれまでの取り組みで得た教訓から、社会実装とそのための共創促進・縦割り打破に力点を移してきており、期限内にわかりやすい目標の達成を目指す「ミッション方式」を採用している。

Rebuild by Design（米）はニューヨーク市が自然災害からの復興をコミュニティとの共創で行おうとした事例であり「エンゲージメント」という概念をきわめて具体的な活動要素に落とし込んで具体的採択プロジェクトの社会インパクトを拡大しようとしている。

革新的小型原子炉開発（米）は、大学発ベンチャーが政府の切れ目ない支援と自ら開拓した戦略的パートナリングで社会実装に向かう姿を紹介している。

センター・オブ・イノベーション・プログラム：ＣＯＩ（日）は決して多額ではない政府予

算に加えて参加企業が自身のリソースを追加的に投入し、バックキャスト型の研究開発を行っていくつもの成果を出しつつある、わが国としては先進的な取り組み事例である。

【グッドプラクティス事例1】

アメリカのイネーブラー
米国防高等研究計画局（DARPA）

本事例のポイント

- 公的機関が外部人材を招聘し起業家的に活動させる人材システム
- 通常の予算システムとは別枠で柔軟かつ俊敏に投入できる資金提供の仕組み
- 自らリスクを取りイノベーションを促進するイベントの提供

DARPAとは

米国国防総省（Department of Defense:DOD）に属する国防高等研究計画局（Defense Advanced Research Projects Agency：DARPA）は、スプートニク・ショックを受けて1958年に設立された研究推進組織であり、革新的アイデアを社会実装に結びつけるプロジェクトを多く実施してきた。そのなかにはインターネットの原型であるARPANETやGPS（衛星測位システム）、自律歩行ロボットなどが含まれる。こうしてDARP

Aは米国における長期的かつ高リスクの技術開発を支援し、イノベーションの実現を推進する〝イネーブラー（enabler）〟として確固たる地位を築いてきた。
その成功の背景には①バックキャスティング型の社会実装プログラムの効果的活用とともに、②柔軟にプログラムを進行させるための裁量がプログラム・マネジャーに与えられていること、③迅速かつ簡素化された資金調達プロセスの採用が可能であることなどがある。これらの要素がDARPAの先進技術分野における社会実装推進力の強さにつながっている。

起業家としてリスクも取るプログラム・マネジャー（PM）

DARPAにおけるイノベーション支援の中心は研究テーマやプロジェクトの選定に自由度を持つ独立したプログラム・マネジャー（PM）の存在である。PMは政府機関の職員ではあるがリスクを取ってアイデアを出し、先端技術開発を推進する起業家として機能する。なお、PMが新規プロジェクトを提案する際には以下の「ハイルマイヤー問答（Heilmeier's Catechism）」[注30]と呼ばれる一連の質問が評価ツールとして用いられる。[注31]ハイルマイヤーとは、1970年代にDARPA長官を務めた人物の名前である。

- What are you trying to do? Articulate your objectives using absolutely no jargon.
（何をしようとしているのか？　業界用語を一切使わず目的を明確に説明せよ）

注30：1975～1977年にDARPA長官を務めたGeorge H. Heilmeier氏が提唱

注31：DARPA, "Innovation at DARPA", https://www.darpa.mil/attachments/DARPA_Innovation_2016.pdf

- How is it done today, and what are the limits of current practice?
（現在、どのように行われており、何が限界なのか）
- What's new in your approach and why do you think it will be successful?
（当該アプローチの何が新しいのか、なぜ成功すると考えるのか）
- Who cares? If you're successful, what difference will it make?
（誰のためか、成功した場合どんな変化があるのか）
- What are the risks and the payoffs?
（リスクとリターンは何か）
- How much will it cost?
（コストはどのくらいか）
- What are the midterm and final "exams" to check for success?
（成功を確認するための「中間試験」と「期末試験」は何か）

プログラム・マネジャーは任期付き外部招聘

通常ＰＭ自身はＤＡＲＰＡの主任研究員にはならない。ＰＭの主要任務は特定のコンセプトや技術的なアプローチについて、将来に向けた考えを持つ研究者や運用専門家のコミュニティを構築し、コンセプト実現への取り組みを推進することにある。ＰＭは学術界や産業界、あるいは政府内の技術職からDARPAに採用されるのが一般的である。PMは技術プログラムの計画から実行までの間、当該プログラムの総責任者として機能し、3年から5年の任期をおえた後は、DARPAの外の仕事に戻るのが慣行である。

自由度の高い採用システム

DARPAは優秀な人材を迅速に確保するため、より競争力のある給与条件を提示するなど連邦政府職員や契約業者を雇用する際の一般的な要件にとらわれることのない自由度を有する。またPMは定期的に交代するのでDARPAには新しいアイデアが定期的に注入される。優秀な研究者にとってはDARPAのPMポジションは科学技術分野における一流の指導者となるためのステップとしての魅力があり、採用は狭き門となっている。

即座にプロジェクト資金を提要できる柔軟な予算システム

技術開発のペースが加速化するなか、DARPAには有望な研究を見極めて支援するための迅速かつ俊敏な動きが求められている。このためDARPAでは特別な資金調達手段を整えており、PMはこれを活用して俊敏な動きが可能となっている。たとえば、OTA(Other Transaction Agreements)はそのような重要なメカニズムの一つで、通常の連邦調達法や規制の対象から外されており、通常の長期的予算取得や調達プロセスに関わる煩雑な手続きを回避してほぼ即座にプロジェクトに資金を提供できる柔軟性を備えている。

競争原理を活かしたコンペを主催

DARPAはこのような独特な体制により迅速な資金提供を行うと同時に、重要な研究に社会の注目を集め、優れたアイデアを多方面から募る方法として、競争原理も広く導入してきた。DARPAは国防総省の軍事的任務の遂行に応用できる可能性のある基礎・先端・応用研究、技術開発、試作品開発の優れた成果を表彰する権限を与えられており、大学や民間企業のチームが困難な技術課題の解決を競い合うコンペを定期的に開催している。DARPAが「お題」を提示して世界中からアイデアを集めるバックキャスティング型のイベントであり後掲の自動運転などは好例である。コンペには誰でも参加でき、優勝や成績上位などの条件に従い賞金[注32]を受け取ることができる。賞金額は1000万ドルを超える場合がある。

高い失敗確率を上回る社会変革インパクト

DARPAの長期的、ハイリスクの投資には多くの失敗も含まれているが、以下に紹介する“CubeSat”や自動走行運転のような成功例が社会にもたらす大規模な変革のインパクトは、数々の失敗から累積されるダメージをはるかに上回るといえる。

注32：賞金額は毎回異なるが、最大で1,000万ドルを超えることもある。

小型人工衛星"CubeSat"の実用化

従来型の人工衛星はさまざまな機器を搭載するため総重量が1000〜5000kgにも達し、初期投資も膨大であった。CubeSatは一辺が10cm程度の立方体で重量が1〜5kgの小型人工衛星であり、モジュールとして従来型の人工衛星に搭載し、軌道に到達したら母機から放出されて自ら軌道に入りさまざまな機能を発揮するという革新的な発想であった。

CubeSatの初期の開発はDARPAからの資金提供によって実現した。1990年代、スタンフォード大学の航空宇宙工学科の教員と学生の「非常に小さく低コストの衛星を設計する」という発想に対してDARPAのPMが宇宙科学をより安価で身近なものにする可能性を見出し、概念実証（proof of concept：POC）実験に資金を提供したのである。実験は米空軍が2000年に打ち上げたロケットにCubeSatを搭載する形で実施され、CubeSatが効果的にデータを収集・送信できることを立証した。

この成功をもとにスタンフォード大学の研究者は他の機関と協力してCubeSat規格を開発した。その規格はいまや世界中で採用されており、100近い大学や企業がデータ収集のためのCubeSatの開発・打ち上げを行っている。

それまで社会に存在しなかった新たな構想に対しDARPAのPMが独自裁量で投資を決定し、後に広く社会に普及した好例であるといえる。

自動運転車開発を促進するイベント主催

米国での自動運転車の開発は1980年代初頭から始まった。その後、さまざまな要素技術は発展したが、諸要素を完全な自動運転車に統合するまでには至らなかった。

転機となったのはDARPAが導入した「グランドチャレンジ（Grand Challenge）」というコンペである。これは150マイルのコースを10時間以内に完走した自動運転車を開発したチームに賞金を出す競技イベントである。知名度や影響力の大きいDARPAのコンペにおいて勝利すれば大きな名声と宣伝効果が得られるため多くのチームが参加した。DARPAからコンペ出場のための開発資金は支給されないため、企業をスポンサーとして出場した大学チームも多かった。

この第1回グランドチャレンジは大失敗におわった。当初応募した106チームから選出された15チームが参加したが、ほとんどの車両はスタート直後に走行不能となり、最も優れた車両でもわずか7マイルしか走行できなかった。

イベントが促した技術革新と人材流動

しかし、このレースを契機として自動運転車研究への後続投資が活発化し、翌2005年のグランドチャレンジでは195チームが応募、選考を経た23チームが参加して5台が完走。優勝したスタンフォード大学のチームは200万ドルの賞金を獲得した。2006

年には「DARPAアーバンチャレンジ（DARPA Urban Challenge）」として都市の路上での自動運転競技が開催され、優勝したカーネギーメロン大学のチームが賞金200万ドルを獲得した。

これらのイベントは大学と民間企業の連携を促しAI、コンピュータビジョン、LiDAR（Light Detection and Ranging、光検出および測距）センシングなどの高度技術が統合されて自律走行技術の革命的な向上が達成された。またコンペの成功を見たGoogle、Uber、Teslaなどのハイテク企業は自動運転車の開発に巨額投資を行い、優勝した研究者の一部を自社に採用するなどの人材移動が起こった。

社会的インパクトの追求

先進技術の実現を推進し続けてきたDARPAの特徴として、官僚機構でありながら外部招聘研究者に大きな裁量を与え、リスクを許容して柔軟にプロジェクト選択と実施をサポートしてきたこと、また官僚機構の硬直的なシステムがこのプロセスを阻害することがないよう、特別な調達メカニズムを用意するなどしてイノベーションの流れを加速する配慮をしてきたことなどが指摘できる。

さらに、多方面からアイデアを集め、研究や技術に対する注目を集める方法としてコンペも行うなど、競争原理を取り入れながら、米国技術が先進分野の最前線をリードし続けるため産官学を巻き込んだエコシステムを構築している。

写真4：1UサイズのCubeSat

出典：NASA（注33）

写真5：2007年DARPAアーバンチャレンジ

出典：カーネギーメロン大学（注34）

注33：NASA, "NASA's Science Mission Directorate Cubesat Initiative", https://www.nasa.gov/content/goddard/nasas-science-mission-directorate-cubesat-initiative

注34：Carnegie Mellon University, "Carnegie Mellon Tartan Racing Wins $2 Million DARPA Urban Challenge", https://www.cmu.edu/news/archive/2007/November/nov4_tartanracingwins.shtml

もちろん科学者の立場から技術的な卓越性のみを追求するのではなく、ハイルマイヤー問答からも明確なように国防や社会へのインパクトが常に念頭に置かれていることも特徴的である。

社会実装の観点で特筆すべき点として、改めて以下を挙げたい。

・研究開発、技術実証をゴールとするのではなく調達すなわち社会実装までDOD（国防総省）がコミットしている。
・コンペの途中でも優れたチームは企業から買収されたり、メンバーが引き抜かれたりして、DARPAとは無関係に社会実装に向かう。

革新技術を社会に実装するためのデスバレーを乗り越えるためには研究と実装の間に関係者の共領域を形成する必要がある。DARPAは外部招聘したPMを核としてこの共領域を創出したり、適切な「お題（自動走行など）」を提示して競争的な環境をつくり開発も実装も視野に入れるチームや研究者を輩出するなど、従来の公的機関のイメージを超えて社会インパクトを追求する姿勢が鮮明である。この点こそ、我々がベンチマークすべきポイントと考えられる。

【グッドプラクティス事例2】

人材を核とした産官学連携推進：フラウンホーファー研究機構（ＦｈＧ）

本事例のポイント

・大学と強い協力関係を構築し産官学を取り結ぶ研究人材を育成
・育成した人材を産業界に輩出し新たな研究活動を創出する人材循環モデル
・官民の財源を組み合わせて健全な競争メカニズムを追求

ドイツで社会実装を牽引する研究開発機関

ドイツには以下の4つの大規模な研究開発機関があり、それぞれ異なる役割を持っている。

・マックス・プランク学術振興協会（ＭＰＧ）：基礎研究
・ライプニッツ学術連合（ＷＧＬ）：応用を目指した基礎研究、基礎と応用のつなぎ役

・フラウンホーファー研究機構（ＦｈＧ）：応用研究・産学連携
・ヘルムホルツ協会ドイツ研究センター（ＨＧＦ）：大型研究施設、テーマ別研究

このなかで社会実装の推進エンジンとなっているのはフラウンホーファー研究機構（以下〝ＦｈＧ〟）である。ＦｈＧの位置づけ、マネジメント、体制などは社会実装を実現することを目的としてきわめて合理的に設計、運用されている。以下にその特徴や参考とすべきポイントを記す。

ＦｈＧの概要

ＦｈＧは１９４９年にドイツで設立されたヨーロッパ最大の応用研究機関である。現在、ドイツ国内各地に75の研究所・研究ユニットを有しおよそ3万名弱のスタッフが勤務している。本部はミュンヘンに置かれている。通信システム研究所はベルリン、生産技術・応用マテリアル研究所はブレーメンとドレスデン、集積システム・デバイス研究所はエルランゲンなど、各地の研究所はそれぞれ専門分野を有する。年間予算はおよそ28億ユーロである。

大学との一体化

ＦｈＧの各研究所は大学敷地内もしくは大学隣接地にあり、全国１０５名の研究所長の

うち102名が大学教授を兼務（2020年）するなど官と学がボーダレスに一体化している。FhGは大学の若い優秀な研究者を任期付きで雇用し、経験と人脈を培った後で産業界に送り込む役割を果たしている。そして、産業界に転出した研究者が、また顧客となってFhGに研究開発を委託するという循環モデルが機能している。

FhGが自己規定している役割は、大学の基礎研究と産業界の実用研究・社会実装の間をつなぐ「応用研究への移転」へのコミットメントである（図表2-10）

産官学連携を主導できる研究者の育成

FhGは研究者の就職先として非常に人気が高く、マックスプランク、バイエルと並びドイツの研究所でベスト3に入る。

FhGに採用された研究者は平均して5～7年の任期で在籍し、以下のキャリアを積むことで自

図表2－10：基礎研究と産業をつなぐ循環モデル

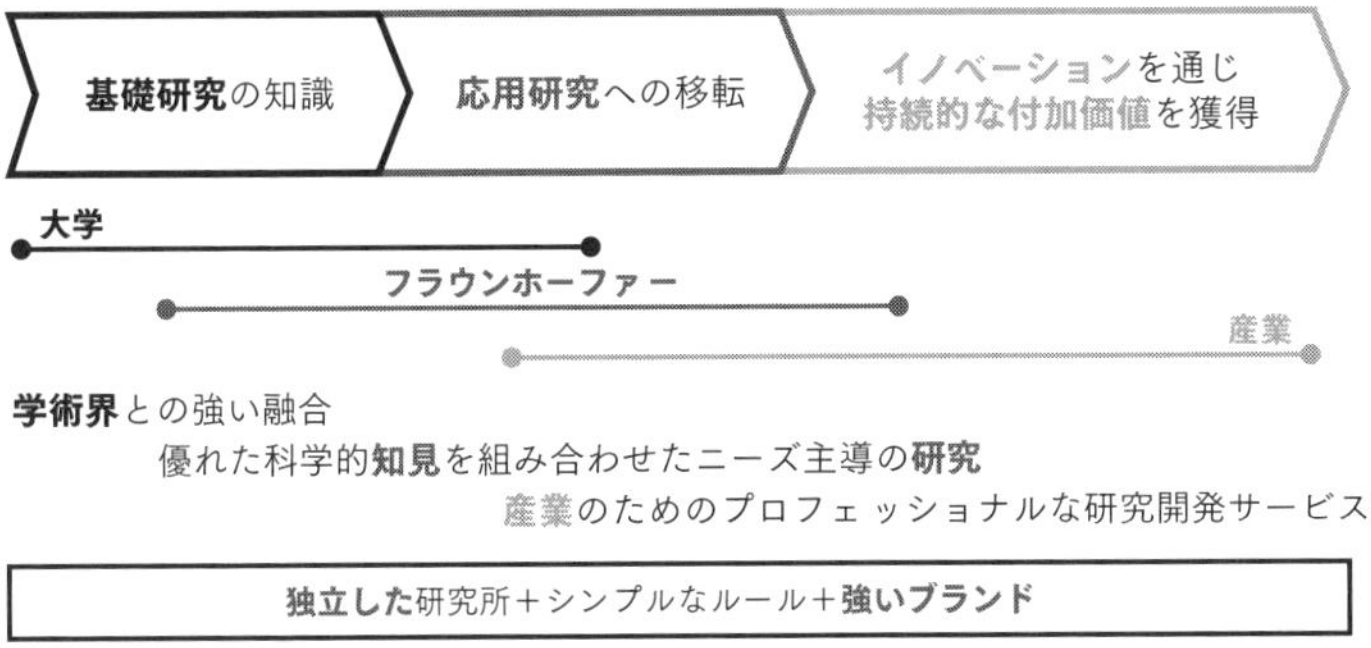

出所：フラウンホーファー研究機構

然と産官学連携を実践する人材として育成される。

- 1～2年目：プロジェクトの一部を任されて、研究者としての経験を積み、徐々にプロジェクト全体を見渡せるポジションに昇格する。
- 3～4年目：小さなプロジェクトを任され、納期管理や顧客とのコミュニケーション、損益計算などができるよう期待される。
- 5年目～：大きなプロジェクトのリーダーとして、統括的な立場となり、マネジメントを実践的に学ぶ。
- 任期終了後：研究者が企業に転出した場合、研究開発担当部長などの立場でFhGに研究を委託発注する循環システムになっており「人間の頭による技術移転」が行われる。

このようにFhGは若い優秀な研究者を産業界で使える人材に育て産業界に送り込む、人材育成機関としての役割を果たしている。このような人材の移動は人脈の相互形成を含めて産官学の間の交流を円滑にする大きな効果がある。FhGを希望する研究者のなかでアカデミックキャリアを積むために博士号取得を目指している者は半数以下にとどまり、大多数は産業界での就労のために博士号の取得を目指している。

このような独特の人材育成システムは、明らかにサイロ・イフェクトからの脱却を目指して設計されている。基礎研究から社会実装までを俯瞰し、それをリードできる人材の大量かつ継続的な育成こそ国運を左右する要素との認識が背後にある。まさに「共領域」を創出できる人材の育成システムである（図表2-11）。

官民の財源を組み合わせ健全な競争メカニズムを追求

FhGの予算の3分の1は企業からの委託研究、3分の1は競争的資金などの公的資金、3分の1弱は公的資金から提供される運営費交付金である。全体としては民間資金の比率が高く設定されている。企業からの委託研究費が増えると公的資金も増額される仕組み（「フラウンホーファーモデル」と呼ばれる）が機能しており、健全な競争メカニズムが作用している。

全国に70以上あるフラウンホーファー研究所だが、さらに研究所を新設する場合には最初の5年

図表2－11：ドイツにおける次世代研究者育成モデル

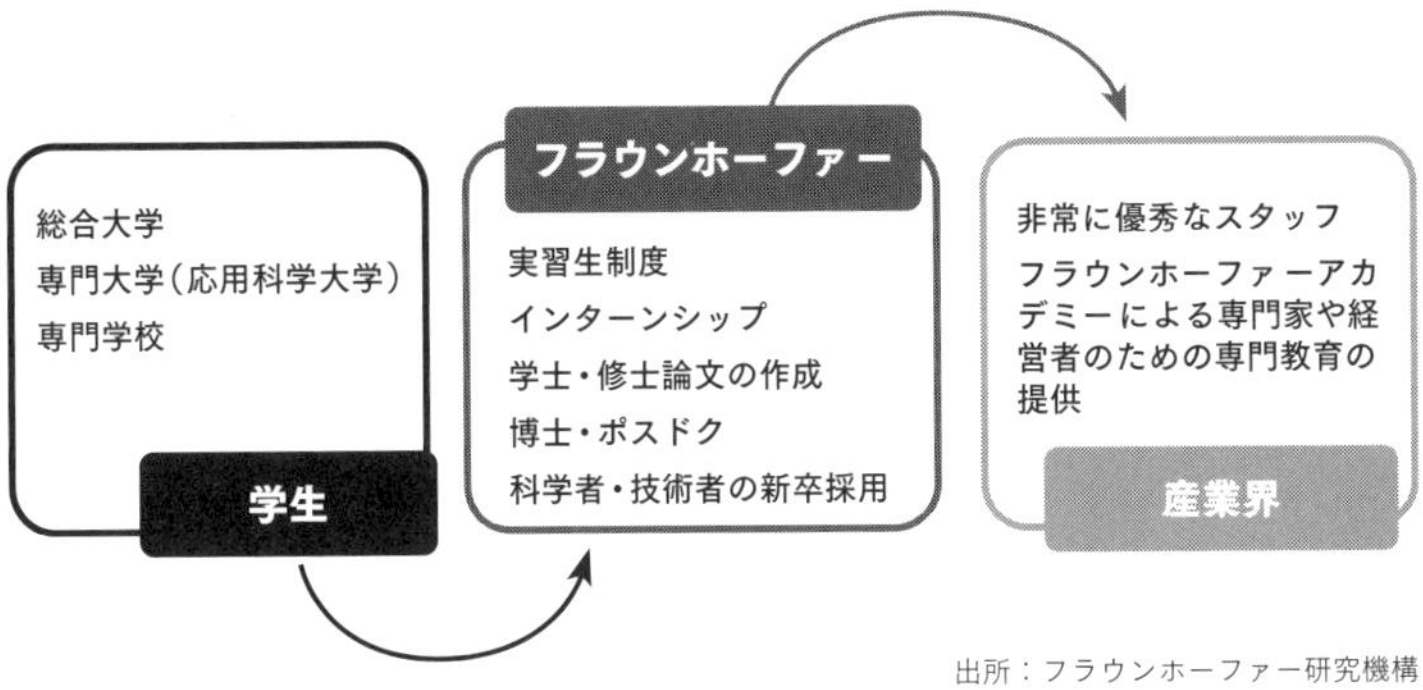

出所：フラウンホーファー研究機構

は州政府が単独で運営費交付金を負担することとされている。開設時に必要なインフラの整備は州政府の役割となり、州政府および州の産業にとって本当に必要な研究所の誘致が行われる。

なお大学は州政府、フラウンホーファーは連邦政府からの運営費交付金で運営されているため、両者は基本的に予算的な競合関係にならず連携しやすい。

市場重視のテーマ選定

ＦｈＧの研究員人事、委託契約などは所長に権限が委ねられている。ミュンヘンの本部は研究テーマに関してトップダウンで指示することはなく、あくまで各研究所がボトムアップ的に決定する自律分散型で運営されている。

ドイツでは基礎研究は大学が取り組むべきものであるとされ、ＦｈＧが問われているのは役立つ基礎研究成果を探してくることである。したがってＦｈＧは市場を常に把握しその変化に柔軟に対応すること、さらに将来の需要を睨んで現在の研究活動を推進することが求められている。

こうしたことからＦｈＧの主な研究分野は「健康・環境」「モビリティ・輸送」「通信・情報」「エネルギー・資源」「安全・セキュリティ」「生産・サービス」の6分野に設定されている。社会ニーズをよく捉えていることがわかる。また別途設定されている「戦略的研究領域」には「デジタルヘルスケア」「人工知能」「バイオエコノミー」「水素技術」「量子技術」「資源の効率化・気候技術」が設定された。いかにも今日的であり、今後の世界的な技術開発競争のなかで、主要分野で勝ち抜いていくというドイツの意志が表れている。

社会実装のスピード重視

社会実装のスピード重視もFhGの特徴である。一般的に発明から市場投入まで最長7年、応用研究から市場投入までは5年程度とされるが、FhGは18カ月での市場投入を目指している。

開発期間中の技術レベルの評価にはTRL（Technology Readiness Level）という判断基準を用いている（**図表2-12**）。「TRL1－3」は基礎、「4－5」は応用「6－7」は実証、「8－9」は実用化という定義であり、たとえばTRL3ならば「技術コンセプトの実験的な証明」の段階であり、TRL7ならば「実証：トップ

図表2－12：「イノベーションギャップ」を橋渡しするフラウンホーファーモデル

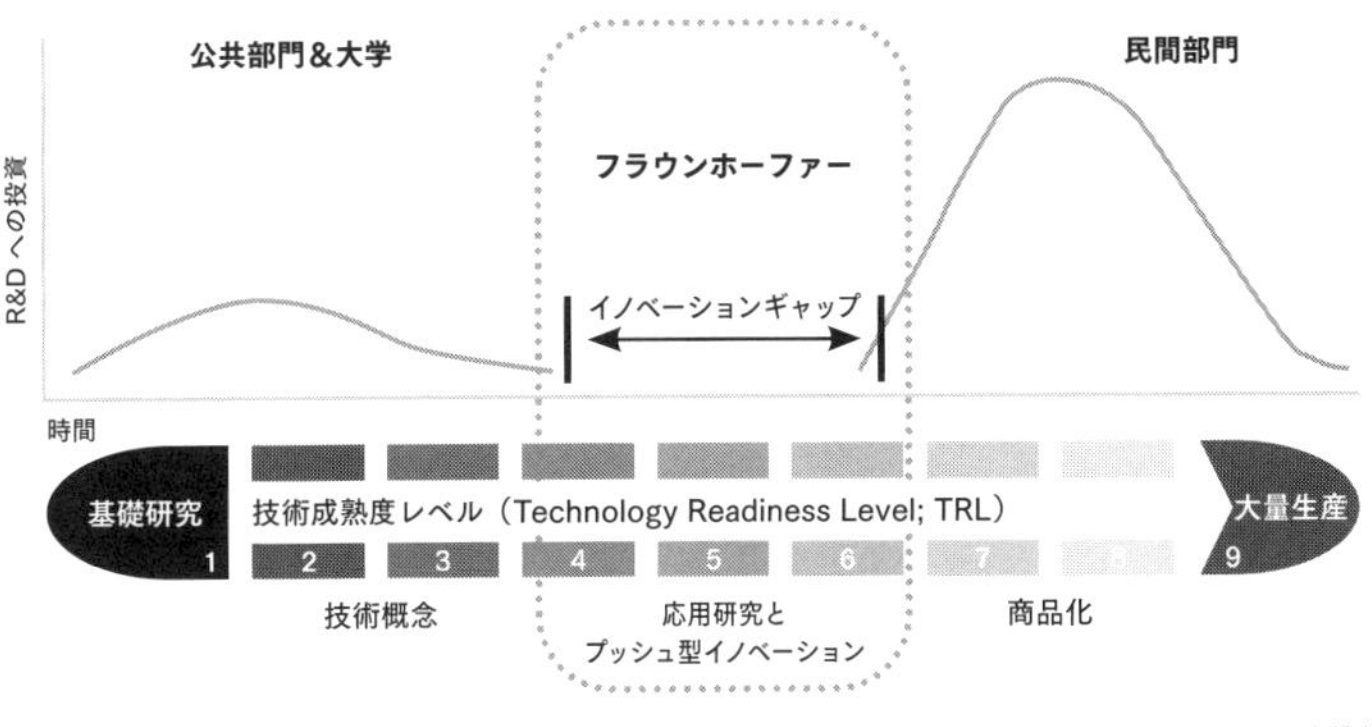

出所：フラウンホーファー研究機構

ユーザーテスト」という区分けになる。それぞれの段階で、次の段階に進むための課題と解決方法が確認される。

中小企業の支援

民間企業向けの研究はその大半が中小企業からの委託である。ドイツは大企業による系列化がなく、輸出の30％を中小企業が担っている。したがって中小企業の競争力が産業競争力に直結している。ＦｈＧも中小企業との連携強化を重要なミッションと位置づけており、委託研究にとどまらず中小企業向け設備共用、職業訓練サービスなども主要な役割として取り組んでいる。

業績評価

企業からの委託研究成果に関しては終了後に顧客企業に対して成果への満足度調査を行い、結果を研究者評価に反映している。ＦｈＧ内での人事評価では単に「官・学」の研究者としてだけではなく「産」の視点での業績評価が重視されている。

なお新規委託の獲得や委託継続のための営業マンは研究者自身であり、提案力やコミュニケーション力が研究力に加えて研究者としての業績に直結している。

【グッドプラクティス事例3】

社会実装を目指す合理的プログラム設計 ホライゾン・ヨーロッパ（Horizon Europe）

本事例のポイント

・EUは域内全体のイノベーションを促すフレームワーク・プログラムを長期にわたり運営
・プログラムの力点は近年、社会実装とそのための共創促進・縦割り打破にシフト
・2021年度からの7カ年計画は「ミッション方式」として結果を出すことを重視

ホライゾン・ヨーロッパとは何か

EUは域内の研究・イノベーションを促す支援策を「フレームワーク・プログラム（FP）」と呼び長期にわたって実行してきている。このFPとは、基本的にはわが国の種々

の支援制度と同じく公募方式による補助金の支給である（図表2-13）。

最初のFPは1984年に開始された3カ年計画で予算は33億ユーロであった。その後の予算は拡張を続け、現行のホライゾン・ヨーロッパで955億ユーロに拡大している。

なおEU加盟国はそれぞれ独自の科学技術振興プログラムを有しており、EUのFPは加盟国単独では実施が困難な大規模活動や、国境を越えて共同で実施することが効果的な活動を中心に支援するという仕分けになっている。

オープン化の推進

前FPの「ホライゾン2020」まではプログラムに参加できるのはEU加盟国と欧州の近隣諸国に限定されていた。共同研究プロジェクトへの日本企業の参加はあったが、それらは日本政府と欧州委員会が共通テーマで公募を実施し、採択された日本の機関に日本

図表2－13：「ホライゾン・ヨーロッパ」EUからの助成資金額

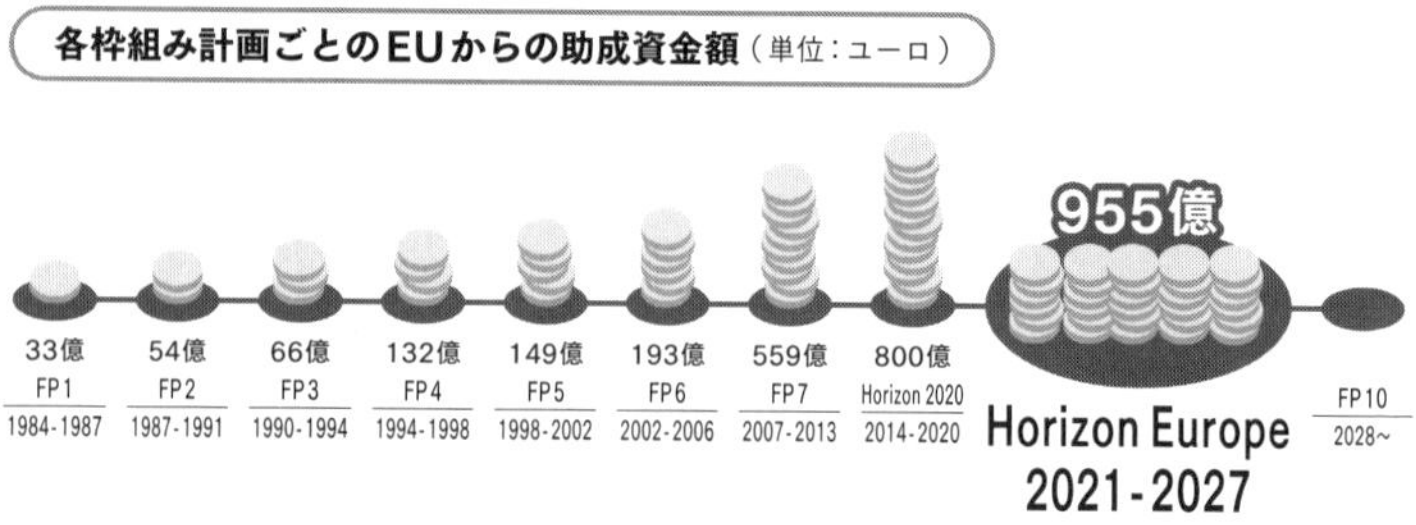

出所：（一財）日欧産業協力センター、パンフレット「HORIZON EUROPEの紹介」、"THE EU RESEARCH & INNOVATION PROGRAMME 2021-27" より三菱総合研究所作成

政府の予算で補助が行われるものであった。「ホライゾン・ヨーロッパ」では国際連携強化の方針を打ち出し日本も含め非欧州圏の第三国を参加可能とするきわめてグローバルでオープンなプログラムになった。

なお日本における「国プロ」では日本以外の国の参加を限定しており、残念ながら真の国際連携の実現には至っていない。

縦割りの打破

ＥＵは前計画の「ホライゾン２０２０」から「縦割りの打破」を強力に打ち出した。そしてヨーロッパが産業競争力強化を図るべき領域を明確化し、それぞれの領域に官民の研究開発資源を集中投下するプロジェクト支援策「ジョイント・テクノロジー・イニシアティブ（ＪＴＩ）」を増強した。ホライゾン・ヨーロッパはこの流れをさらに加速するものである。

共領域形成の促進

ＥＵは前計画の「ホライゾン２０２０」から縦割りの打破を明言しており、「ホライゾン・ヨーロッパ」においても部署別の予算割当てを廃止するとしている。具体的な運用方法は今後明確化されると思われるが、欧州でもサイロ・イフェクトの打破を目的とする共領域の形成が明確な行政目標として掲げられているのである。

またEUは「"Co-Creation""Co-Design"を重視する」との方針の下、「ホライゾン・ヨーロッパ」の計画策定プロセスの一部をオープン化した。市民参加イベント「ヨーロピアン・リサーチ&イノベーションデイズ」を毎年開催し、各回数千人がEUの科学技術政策の在り方に意見を述べた。こうしたプロセスで市民を含むステークホルダーの間でEUの社会課題に関する認識共有や、ステークホルダー間での価値観の相互理解が進んだと考えられる。

ホライゾン・ヨーロッパの三つの柱

ホライゾン・ヨーロッパは次の三つを計画の柱として7年間の計画期間中、堅持するとしている（図表2-14）。

図表2－14：ホライゾン・ヨーロッパの三つの柱と予算内訳（単位：ユーロ）

第一の柱（最先端研究支援）「卓越した科学」	250億	第二の柱（社会的課題の解決）「グローバルチャレンジ・欧州の産業競争力」	535億	第三の柱（市場創出の支援）「イノベーティブ・ヨーロッパ」	136億
欧州研究会議（ERC）	160億	6つの社会的課題群（クラスター）	515億	欧州イノベーション会議（EIC）	101億
		・健康	（82億）		
		・文化、創造性、包摂的な社会	（23億）		
		・社会のための市民安全	（16億）		
マリー・スクウォドフスカ・キューリー・アクション	66億	・デジタル、産業、宇宙	（153億）	欧州イノベーション・エコシステム	5億
		・気候、エネルギー、モビリティ	（151億）		
		・食料、バイオエコノミー、資源、農業、環境	（90億）		
研究インフラ	24億	共同研究センター（JRC）	20億	欧州イノベーション・技術機構（EIT）	30億
参加拡大と欧州研究圏（ERA）強化					34億
参加拡大とエクセレンス普及	30億	欧州研究・イノベーション（R&I）システムの改革・強化			4億
合計					955億

出典：Horizon Europe, the EU research and innovation program 2021-2027 general overview を元にCRDSで作成

・第一の柱（最先端研究支援）：「卓越した科学」　250億ユーロ
・第二の柱（社会的課題の解決）：「グローバルチャレンジ・欧州の産業競争力」　535億ユーロ
・第三の柱（市場創出の支援）：「イノベーティブ・ヨーロッパ」　136億ユーロ

第一の柱「卓越した科学（フロンティア研究支援）」はこれまでと変わりなく、先端的な研究を支援する補助制度である。ここに250億ユーロが投じられる。

第二の柱である「グローバルチャレンジ・欧州の産業競争力（社会課題の解決）」は、前計画のホライゾン2020における「産業リーダーシップ」と「社会課題解決への取り組み」を一つにまとめたものである。

第三の柱は新たな取り組みで、欧州でイノベーションとその市場を生み出す支援策である。その背景には、欧州にはアイデアや知識はあるがそれを事業化する環境がアメリカと比較して未発達であるとの状況認識がある。

「ホライゾン・ヨーロッパ」が前計画「ホライゾン2020」から大きく変化したのは先述の第二の柱と第三の柱である。

ミッション指向・バックキャスティング型アプローチ

第二の柱は産業振興と社会課題解決であるが、「ミッション指向型アプローチ」を導入する点が特徴となっている。ミッションはアウトカム（成果）として設定されるので、これはバックキャスティング型のアプローチと言える。対象とされる領域はすでに定められており、①気候変動への適応（社会変革含む）、②がん、③健康な海、沿岸域および内陸水域、④気候中立・スマートシティ、⑤土壌の健康・食糧、の5つである。

段階別のデスバレー克服策を整備

第三の柱はスタートアップの育成である。この点を強化するために新たに「欧州イノベーション・カウンシル（ＥＩＣ）」という組織が設置された。ＥＩＣは7年間で１０１億ユーロの財源を付与され、有望なスタートアップの成長に資する援助と投資を行うとされている。

ＥＩＣの予算の7割はＳＭＥｓ（中小企業）とスタートアップ向けとされている。支援内容は、これまで「デスバレー」と認識されてきた３つの段階に集中することとされている。

その3段階とは、①「Pathfinder（技術の初期段階～概念実証）」、②「Transition（概念実証～前商業化段階）」、③「Accelerator（前商業化段階～市場・スケールアップ）」であり、①②についてはグラント（返済不要）、③に関してはグラントと投融資（一部要返済）とする制度設計で成功率の向上が意図されている（図表2-15）。

3段階の各プログラムでは、分野を定めないオープン公募と特定分野でのチャレンジ公

図表2－15：「ホライゾン・ヨーロッパ」のフェーズ別スタートアップ支援策

各支援プログラムの位置づけ

Pathfinder	Transition	Accelerator
グラント	グラント	グラント・企業投融資
技術の初期段階～ 概念実証を対象 コンソーシアムが基本	概念実証～ 前商業化段階を対象 単独・複数応募両方可能	前商業化段階～ 市場・スケールアップを対象 単独応募が基本

タイプ	Pathfinder		Transition		Accelerator	
	オープン	チャレンジ	オープン	チャレンジ	オープン	チャレンジ
目的	概念実証・革新的技術の科学的基礎検証（TRL1-4）		実環境での技術検証・実証、試乗準備（TRL4-6）		中小・ベンチャー企業のイノベーション拡大（TRL5-8）	
応募要件	異なるEU加盟・準参加国3カ国・3機関以上のコンソーシアム	原則、同左 一部公募では単独期間の申請も可能	EIC Pathfinder、FET、ERC概念実証で採択経験のある単独機関もしくは2～5機関の小コンソーシアム		EU加盟・準参加国の中小・ベンチャー企業または企業を立ち上げる意思のある個人	
支援内容	最大300万 期間定めなし	最大400万 期間定めなし	最大250万 期間定めなし		グラント：最大250万／2年 投融資：50万～1,500万 通常7～10年、最長15年	
分野	指定なし	1. 内面の気づき 2. 脳組織活動の計測・刺激ツール 3. 細胞・遺伝子治療の新興技術 4. グリーン水素生産の革新的ルート 5. リビングマテリアルズ工学	指定なし	1. 医療機器 2. エネルギー発電・貯蔵技術	指定なし	1. 戦略的ヘルス・デジタル技術 2. 経済復興のためのグリーンディールイノベーション
21総予算（ユーロ）	1億6,800万	1億3,200万	5,960万	4,050万	5億9,250万	4億9,510万

出所：European Innovation Council (EIC), "EIC Work Programme 2021" を元に JST 研究開発戦略センター（CRDS）が作成

募の2種類を用意している。また、ビジネスコーチングなどの「ビジネス加速サービス」やプライズ（表彰）も合わせて実施される。これらの主催者はＥＩＣである。

日本への示唆

日本では基礎研究、開発・応用研究、技術・コンセプト実証、社会実装が推進主体やファンドなどの観点でつながっておらず、各フェーズの取り組みや成果がバリューチェーンとして連接しない「デスバレー」に陥っており、サイエンス→テクノロジー→エンジニアリング→インダストリーのフェーズ変化がシームレスに進まない原因となっている。

「ホライゾン・ヨーロッパ」の取り組みは欧州における同種の課題へのチャレンジであり大いに参考とすべきであろう。政府（ＥＵ）が「共領域」形成の方針を打ち出し、推進のために設置された組織〝ＥＩＣ〟がコレクティブ・インパクト実現の推進力として機能する仕組みはデスバレーからの脱却を目指す日本にとって参考にすべき取り組みと言える。

【グッドプラクティス事例4】

デザイン思考型復興プロジェクト「Rebuild by Design」(米国)

本事例のポイント

・連邦政府がミッションを提示しバックキャスティング型でプロジェクトを駆動
・国際コンペによる多様な知の収集と活用
・計画者と地域住民の丁寧なコミュニケーションで共領域形成

発端はハリケーン災害

2012年10月29日、ハリケーン「サンディ」がニューヨークとニュージャージーの2州を襲い、ロウアー・マンハッタンを中心に死者186名、60万戸以上の住宅被害、海岸線の破壊や大規模停電なども生じ65億ドル以上の経済被害をもたらした。直後の11月7日にオバマ大統領(当時)は大統領令により災害復興の計画策定を指示。翌12月に連邦政府の住宅都市開発省(以下「HUD」)長官がトップを務めるタスクフォースが設置された。

計画立案と実装に関係するプレイヤーのハブとなる組織を設置

ＨＵＤはニューヨーク大学の公共知識研究所（Institute for Public Knowledge）と提携して「Rebuild by Design：RBD」という組織を発足させ、この組織が中心になって行政・学界・経済界・基金や慈善団体・市民らの協力を促し、被災地を再建して単に元の姿に復元するのではなく、日常生活の利便性を向上させつつ、災害に襲われても復旧しやすい街をつくろうとする取り組みを始めたことである。その過程でＲＢＤの主導により計画者と地元住民の対話が何度にもわたり繰り返された。

災害復興はイノベーション

ＨＵＤは復興計画をコンペ形式で募集した。その書類に記載されたのは、復興をイノベーションと捉える次のような6項目の「コンペの狙い」である。

1 地域が有する脆弱さ、強靭さ、関係性の理解に寄与すること
2 地域の適切な解決策にフォーカスしてレジリエンスを高め、イノベーションを進め、場所ごとの工夫の成果を地域に統合できるようなデザイン提案をクリエイトすること
3 地域に根差した統合的方法を示すとともに、地域コミュニティと行政機関の能力も

考えて提案すること
4 行政、民間、アカデミア、NPOなどの協働を促進し、フィールドでの工夫につなげること
5 イノベーション、独創的な展望、新しい潮流を刺激すること
6 大スケールの提案であっても、地域によらず適応可能なものであっても、インパクトのある世界クラスのプロジェクトを実行すること

以上は公共機関の公募要領としては破格の条件提示と言える。その背景には連邦政府が「サンディ復興法」を成立させ50億ドルを予算化したことがある。

スピーディーな展開

コンペは2013年6月21日に発表され1カ月後の7月20日が締め切りという短期間で実施された。応募総数は世界15か国からの148件。審査は数日で行われ7月25日には10チームが選定され、それぞれに10万ドルを配布するという迅速さであった。

アイデアから実装への移行をマネジメント

コンペで集まったアイデアがそのまま復興計画になったのではない。選出された10チームは、RBD事務局からそれぞれ3カ月以内に3～4件の具体案を提出するよう求められ

た。10月には10チームから41の提案が出され、ＲＢＤ事務局が10案を選定、各案のブラッシュアップ費用として1案当たり10万ドルが配布された。

翌２０１４年には10案から７案への絞り込みが行われ、それらの実行予算として９・３億ドルが予算措置された。復興案は実行段階に移り、２０２２年以降の完了を目標に事業実施中である。

クリエイティブなプランの創出

本コンペには世界中から創造性に富む提案が寄せられた。その一つがコペンハーゲンとニューヨークに拠点を置く若い建築家ビャルケ・インゲルスが率いるＢＩＧ（ビャルケ・インゲルス・グループ）社が提案した「ＢＩＧ Ｕ」である。このプロジェクトは、次の巨大な嵐に備えるマンハッタンの強化策として３億３５００万ドルを獲得した。
ＢＩＧ Ｕはマンハッタン南部の海沿い全長13㎞の巨大な「Ｕ」字型の堤防を築く計画である。しかしデザイン上はあたかも地形のなだらかな高低差だけのように見え、多くの野外スポーツ施設が包摂されるなど強力な防災施設にありがちな武骨さがなくむしろ地域景観を向上させるものとなっている。このようなデザインを生み出すに当たっては計画者と地域住民との議論の積み重ねがあったという。

コミュニティとの対話の促進

リビルド・バイ・デザインの実行プロセスでは、デザインの提案者が実装先コミュニティをよく知るためのコミュニケーション活動を行うことが必須事項として組み込まれ、それらの活動についてはRBD事務局の専門的サポートを得ることができるようになっていた。

提案され採択された各プロジェクト最終案作成は6カ月の期限を切って行われたが、その間に各チームは350回を超える小グループ会議とワークショップ、50回を超えるコミュニティ・アウトリーチイベントを開催し、地域住民と内容をすり合わせつつ資金調達可能なソリューションへの改良を行った。その進捗状況はRBDのメーリングリストに登録したすべての人に可能な限りリアルタイムで情報提供された。

このようにRBD全体にわたって実施されたコミュニケーション活動は、計画者が地域住民や利害関係者と短期間に何十回もの密なミーティングを行うことで「原状回復という意味での復興」という素朴な目標を超えた、地域における「多様な意味での脆弱性を包括的に解決」しうる、社会的価値の高いプランの創造を可能としたのである。

「バックキャスティング×共領域」の先進事例

本事例は外形的にはアメリカの一地域で災害復興のプロジェクトを国際コンペで行ったというだけに過ぎないかもしれない。しかしこれまで記したことから明らかなように、本書が主張する「バックキャスティング×共領域」の要素を多く含んだ事例であることを確認しておきたい。

ハリケーン被害の発災直後に連邦政府は「地域と共創した」「世界クラスのプロジェクト」などという形でミッションを設定した。これはバックキャスティング型のプロジェクトの第一段階である。次に実行母体（RBD）が設置され国際コンペを主宰した。これは世界中に散在する知をミッションに照らしてかき集めるフェーズの活動である。そして集まったアイデアをもとに、実装先の地域住民らとの濃密なコミュニケーションのプロセスを経る。これはプロジェクト関係者間の「共領域」を醸成するのに不可欠な取り組みである。

こうして出来上がったいくつかのプロジェクトは刮目すべきものばかりである。本書では伝えきれないがご関心のある方はぜひ"Rebuild by Design"あるいは"Big U"などで検索して画像や動画でご確認いただきたい。「バックキャスティング×共領域」がどのような卓越したアウトカムを生み出すのかを実感できる好例と考えられる。

【グッドプラクティス事例5】

アメリカの革新的原子炉開発

本事例のポイント

・長期的効果を理解する政府の継続的サポート
・ディスラプティブなイノベーションへの既存業界の協力
・開発主体自らによる積極的で柔軟なパートナリング

小型炉への期待の高まり

カーボン・ニュートラル実現のための重要な取り組みの一つが電力セクターの脱炭素化である。原子力の領域では、再エネ電源の間欠性を補完する負荷追従機能を備え、分散型グリッドにも対応できる小型炉（ＳＭＲ）への期待が高まっている。

新時代の原子力発電を実現するスタートアップ企業

２０２１年10月現在、ＳＭＲが実用化に至ったと言える例はまだどの国にもないが、現時点で実用化への最短距離にあると目されるのがニュースケール・パワー（NuScale

Power）社（以下、ニュースケール社）である。同社の初号機建設は2029年開始予定であり、デスバレーを乗り越えるところまで後少しと言える。量産化フェーズに入るのは2030年代と目されている。まだ乗り越えるべき課題が残っているとはいえ、原子力発電の分野でスタートアップが社会実装までたどり着くのはきわめて稀な事例である。

ニュースケール社のあゆみ

ニュースケール社はオレゴン州立大学から多用途小型軽水炉（以下「ニュースケール炉」）の技術を移転し2007年に設立された。2008年には米原子力規制委員会（NRC）に認証取得意思を伝えたが、当時の米国は大型炉優先であり小型炉には予算が十分に配分されなかった。

その後もニュースケール炉の認証取得活動は進まずニュースケール社は資金難に陥った。その救世主となったのが現在の親会社である大手エンジニアリング企業フルア（Fluor）社である。フルア社による約3000万ドルの資金支援を得てニュースケール社は一時中断していた事業を再開した。政権が民主党に変わり小型炉開発に連邦予算からの支援が切れ目なく行われるようになったという環境変化も好材料だった。

政府の理解と切れ目のない支援

きわめて高い安全性が求められる原子力事業は設計・建設・運転の各段階でそれぞれ厳

しい規制をクリアする必要があり、事業化コストに占める規制対応部分が大きい。これはとりわけスタートアップに非常に大きな負担となる。ニュースケール社は、商用化までに必要な資金を14億ドルと見積もったうえで、規制対応にこれまで5億ドル程度を要したと説明している。

このようなコスト構造を政府もよく理解しており、開発段階に応じて性質の異なる資金支援プログラムを適時に提供した。まずニュースケール社の設立を支えたのはエネルギー省による2000~2003年の研究開発支援と2005~2007年の技術移転プログラム支援である。ニュースケール炉の設計認証を後押ししたのは2013年の政府規制対応支援プログラムの提供である。さらに規制クリアの道筋がついた後、サプライチェーン確保のための活動を支援したのも支援プログラムの提供であった。

長期的視野からの既存業界の協力

小型炉はいずれ既存の業界秩序を乱す存在になりうる技術である。したがって既成勢力すなわち現在の原子力事業者からは排除のプレッシャーが発動されてもおかしくないのだが、実際には既存事業者は小型炉の開発を支援した。

その背景として、小型炉は長期的な技術であるということがある。米国は原子力利用の宗主国であり現在世界で運転されている400基強の原子炉のうち約半数が米国の原子炉ベンダーが輸出、あるいはライセンス供与したものと言われる。国内でも100基弱の大型商用炉が運転され、8割は規制機関から安全性を確認され、この先20年以上は運転を続けることが決まっている。大型商用炉市場のこの先20年以上の維持が約束されているので、原子力業界は小型炉という新たな技術の潜在力に着目し、力を結集したのだと言えよう。

小型炉の主な開発者は、1960年代に原子力の平和利用を大型商用炉による発電の実現という形で社会実装したときのプレイヤーとはまったく異なる、若いスタートアップが中心である。今後の事業化の成否は見通せないが、成功した暁には大型商用炉の市場を蚕食する脅威となる可能性はある。それを手掛ける若いスタートアップの活動を現時点で潰すのではなく、業界団体が主導して支援したことは既成業界が将来的な変化の兆しを真剣に検討し選択肢として小型炉を活かすという判断をしたものと考えられる。既成業界の自己改革の意志のあることが垣間見えた事例と思われる。

開発企業の積極的パートナリング

ニュースケール社がビジネスモデルを早い段階から具体化し、必要なパートナリングを戦略的に進めてきたことも奏功している。

同社を買収したフルア社は、創業者をCTOとして経営に引き続き参画させる一方、CEOにはフルア社の経営企画出身、CFOには複数社でIPOやEXITを主導してきたファイナンスのプロフェッショナルで固めた。CEOとCFOは米国のみならず世界中で初期ユーザーや戦略的投資家を精力的に模索する活動を展開した。

ニュースケール社は2019年ころには戦略的投資家兼サプライヤーとのパートナーシップを求めて何回か来日もした。サプライヤー候補には一定の出資を条件づけるなど、日本人的センスではかなりアグレッシブなGive and Take条件で交渉する姿勢で、パートナーにも強いコミットメントを求めた。結果的に日本では日揮、IHI、韓国でも斗山重工業やサムスン物産のサプライチェーン参画と出資を実現させた。同社が主導する小型炉による新たな社会価値提供という共領域での日本企業の貢献も期待されるところだ。

社会実装の本格フェーズに向けて

小型炉の経済性や安全性についてはいまだ議論があり、とりわけ発電事業開始後に、国庫依存を卒業して自律的に採算性が確保できるのか否かについては結論が出ていないことは確かである。

とはいえ、「カーボン・ニュートラル」という未来像の下、バックキャスティングで諸施策を実行していく必要がある現在、官民の緊密な協力、オールドプレイヤーとスタートアップが結びつく共領域の創出、事業者自身の事業化に向けた積極的な努力、複数の競合が並び立つなかでの健全な競争などが相まって、小型炉の社会実装という出口に向かう道筋は確かなものとなりつつある。

同社のあゆみは、原子力という分野の性質上、国が深く関与し支援するなかで、各プレイヤーが必要な共領域を形成し、実装に向かおうとする際に参考となる事例と考える。

【グッドプラクティス事例6】

センター・オブ・イノベーション(COI)プログラム

本事例のポイント

- ・大学を核に地域や企業を巻き込む拠点形成への国の挑戦
- ・現状の漸進的改善ではなく「バックキャスト型」のテーマ設定
- ・事務局が頻繁に各拠点とコミュニケーションを取り「共領域」形成に寄与

COIプログラムとは

文部科学省が平成25(2013)~令和3年度(2021)の8年間にわたり実施しているセンター・オブ・イノベーション(Center of innovation:COI)プログラムは、イノベーションを持続的に創出するために革新的研究課題を設定し、大学を核として分野や組織の壁を取り払い、世界と戦える大規模産学連携研究開発拠点を構築することを目的としたものである。

「人が変わる」「大学が変わる」「社会が変わる」というビジョンを掲げ、イノベーションを産官学連携で実装することを目標とした、大学の関わるプログラムとしては初めての実験だったと言える。

COIのもう一つの特徴は、社会のあるべき姿を出発点として取り組むべき研究開発課題を設定する「バックキャスト」型の研究開発スタイルを採用したことである。さらに「一つ屋根の下（アンダーワンルーフ）」で大学や企業の関係者が一体となって研究開発に取り組むイノベーション拠点を構築し、全体運営を担うビジョナリーチーム（拠点の進捗状況や成果を把握し、評価・支援を行う）、構造化チーム（横断的課題への対応と推進方策を検討し、拠点の活動を支援）が拠点活動を支援するという明快な体制をとっている。

3つのビジョンと全国の研究拠点

COIプログラムは以下の3つのビジョンを掲げて全体の方向性を示している。

・ビジョン1「少子高齢化先進国としての持続性確保」
・ビジョン2「豊かな生活環境の構築」
・ビジョン3「活気ある持続可能な社会の構築」

各拠点のプログラムは、これらの3つのビジョンごとにビジョナリーチームと連携しながら実施されている。研究開発拠点は当初は旧帝大に地域大学を加えた28拠点で開始され、その後18拠点に集約された（図表2-16）。

本プログラムが効果的に機能したポイントとして「拠点に常時口を出す」ユニークな運営方法が取られていたことが挙げられる。ビジョナリーチームに加えて構造化チーム、ガバニング委員会などの関係者が個別拠点を訪問するサイトビジットを頻繁に行い、そこで得られた情報を踏まえて支援や助言が行われてきた。

民間出身のプロジェクトリーダーと学界出身の研究リーダーを並立

各拠点では企業出身のＰＬ（プロジェクトリーダー）とアカデミア出身

図表2－16：現在のCOI18研究開発拠点

拠点大学等	名称	拠点大学等	名称
ビジョン1：少子高齢化先進国としての持続性確保			
北海道大学／（株）日立製作所	『食と健康の達人』拠点	弘前大学／マルマンコンピュータサービス（株）	真の社会イノベーションを実現する革新的「健やか力」創造拠点
東北大学／（株）NEC ソリューションイノベータ	さりげないセンシングと日常人間ドックで実現する自助と共助の社会創生拠点	東京大学	自分で守る健康社会拠点
（公財）川崎市産業振興財団	スマートライフケア社会への変革を先導するものづくりオープンイノベーション拠点	立命館大学／オムロンヘルスケア（株）	運動の生活カルチャー化により活力ある未来をつくるアクティブ・フォー・オール拠点
京都大学／パナソニック（株）	活力ある生涯のためのLast 5X イノベーション拠点		
ビジョン2：豊かな生活環境の構築（繁栄し、尊敬される国へ）			
東京藝術大学／（株）JVCケンウッド	『感動』を創造する芸術と科学技術による共感覚イノベーション拠点	東京工業大学／ソニー（株）	『サイレントボイスとの共感』地球インクルーシブセンシング研究拠点
パナソニック（株）／大阪大学	乳幼児からの健やかな脳の育成による積極的自立社会創成拠点	広島大学	精神的価値が成長する感性イノベーション拠点
ビジョン3：活気ある持続可能な社会の構築			
山形大学／大日本印刷（株）	フロンティア有機システムイノベーション拠点	東京大学	コヒーレントフォトン技術によるイノベーション拠点
慶応義塾大学／（株）ロングフェロー	感性とデジタル製造を直結し、生産者の創造性を拡張するファブ地球社会創造拠点	信州大学／（株）日立製作所	世界の豊かな生活環境と地球規模の持続可能性に貢献するアクア・イノベーション拠点
金沢工業大学／大和ハウス工業（株）	革新材料による次世代インフラシステムの構築拠点	名古屋大学／トヨタ自動車（株）	人がつながる“移動”イノベーション拠点
九州大学／NEC	持続的共進化地域創成拠点		

出所：研究開発法人科学技術振興機構（ＪＳＴ）提供資料より作成

のＲＬ（研究リーダー）が並立するマネジメント体制を敷いている。実施計画を含めた拠点構想の柔軟かつ大胆な見直しも適宜行われている。たとえば大学に対してＣＯＩ拠点活動を支える研究推進機構の設置要請を行う例もあった。

国のプログラムとしての予算規模は年間約80億円であり、１拠点平均すれば数億円と国のプログラムとして決して大きくはない。そのため参加企業は各自のリソースを追加的に持ち寄る方式としている。このような運営手法は、従来の国のプロジェクトの前例にとらわれない新しい試みであり、これまでのところ良好な成果を生み出していると評価されている。本プログラムからかつてなかったような斬新な成果が得られているからである。

データヘルスで大きな成果

本プログラムからはすでに多くの成果が生まれつつある。

筆頭に挙げられるのは弘前大学を拠点とする「超多項目健康ビッグデータで『寿命革命』を実現する健康未来イノベーションプロジェクト」であろう。これは全国一の短命県で知られる青森県の寿命の延伸を目的として、地元大学病院が過去16年間にわたって集めた一人当たり約３０００項目にわたる健康データを用いた集団的な生活習慣の改善と健康増進の活動である。

プロジェクトの特徴は、市民に対して提供される公的な健診の場で健康指導が受けられるという啓発型健診であることである。得られたデータは他大学とも連携を行いビッグデータとし、複数の大学からのデータサイエンティストがデータ分析に参加、糖尿病などの生活習慣病が高い相関係数で発症を予測できるようになっている。

また多くの企業が参加し，現在15企業が寄付講座を設置、地方大学として稀有な事例として知られている。本プロジェクトにより、青森県の健康寿命延伸速度は全都道府県中一位となっており、数年で最短命県から脱出する見通しが立っている（本事例については本書第2部5「社会実装を実現するポイントのまとめ」で詳述する）。

低出生体重児の削減や血圧改善にも寄与

北海道大学は岩見沢市と連携し、「母子健康調査」を2017年より実施中であり、低出生体重児が調査開始前の10・4％（2015年）から7・8％（2017）に低減するという成果が出ている。東北大学は尿のNa／K比を測定する「ナトカリ計」を用いた健診を実施しており、宮城県登米市において、地域住民の血圧が有意に低下したことが明らかとなっている。強制的手法ではない、民主的手法による地域における行動変容の実装例として注目されている。

弘前大学なども含めてこれらの実績が評価され、本プロジェクトは内閣府主催の第1回日本オープン・イノベーション大賞で「内閣総理大臣賞」を、全国イノベーション推進機関ネットワーク主催のイノベーションネットアワード2020（第9回地域産業支援プログラム表彰事業）において、文部科学大臣賞を受賞した。

国主導のイノベーション創出施策の先行事例

プログラム全体の経済効果は文科省試算によれば、２０２４年度まで1兆３０００億円（直接経済効果と間接経済効果の合計）であり、ＣＯＩ予算に対して約20倍となっている。すでに示したアウトカム（結果として社会課題を改善）に加えた具体的インパクトとして、平成25年度から令和2年度までにベンチャーが57社起業、大学における企業の寄付講座・共同研究講座は年間約4億円、大学への企業からのリソース提供額３６５億円、大学の外部資金獲得額約３６９億円など、国からの拠出額が６３０億円にとどまったのに対し、多くの波及的な成果が得られているのである（図表2-17）。

内容面では、関連する論文発表に加えて拠点となる大学で新たな研究分野が開拓され、組織改革の原動力となる効果が確認されている。また若手研究者の活躍が促進されている点も重要なポイントである。

平成28年度（２０１６）から実施されているＣＯＩ２０２１会議は「人材の育成」「研究テーマの発掘」「事業化アイデアの創出」を会議の開催目的に含めている。このためオープンディスカッション形式のピッチコンテストや表彰などに、全拠点の若手研究者らが積極的に参加している。

本件にみられる通り、国主導のイノベーション創出プログラムの中には関係者間の密なコミュニケーション（共領域）を重視して、これまでになかった成果を出す事例が生まれてきていると言える。

図表2－17：COIプログラムの活動成果（平成25～令和2年度）

項　目	活動実績
ベンチャー企業	57社
企業との寄付講座・共同研究講座	25件、年約4億円 （令和2年度）
企業からのリソース提供額	約365億円
外部資金獲得額	約369億円
知的財産（出願）	1,662件
論文数	9,151件
プレス発表	832件
参画機関数	473機関 （大学・研究機関119、企業など354）
参加者数	4,440人（大学・研究機関3,126人、 企業など1,314人）

出所：研究開発法人科学技術振興機構（ＪＳＴ）提供資料より作成

5 社会全体で何をすべきか

コレクティブ・インパクトによる社会実装の実現

活発化する複数主体の連携

ここまでは、企業や政府・産業界といった、単一の主体や比較的同質の存在目的を持つ組織やグループにおけるコレクティブ・インパクトを検討した。さらに大きな社会インパクトを実現するためには、取り組みを一歩拡大して、社会全体としてコレクティブ・インパクトを進めるためには何が必要かを考えてみる必要がある。

これまでも社会全体の大きな動きとして、複数の主体や、異なるセクターにわたる課題解決は実践されてきた。そうした主体を超えて、あるいはこれらの主体が融合することによりこれまでの社会実装のスピードスケールを凌駕しようとするものである。

その一つの例が「産学連携」である。これに公的セクターを含めた「産官学（公）連携」と呼ばれることもある。企業の求めるシーズの提供先として大学や研究機関の研究開発力を利用するという発想から生まれた取り組み形態である。各国の大企業が有していた基礎研究を担う中央研究所がその役目をおえ、次々と閉鎖されてからは、大学や研究機関に科学技術力の期待が集まった。大学というアカデミアに純粋な科学的探求のみを求める思考とぶつかることはあったものの、ほとんどの先進国では大学・研究機関が企業ニーズに応えることを社会貢献のミッションの一部としている。

しかし、産学連携では企業の製品・サービスの競争力を強化することが最終的な目的であり、社会課題の解決とは必ずしも結びつかないこともある。また多くの場合は単独の企業がその成果の利用者であり、その企業の事業戦略いかんでは、たとえ連携の結果よい成果が生まれたとしても、成果が死蔵され、実装に至らないこともある。

もう一つが、「オープン・イノベーション」である。主に企業が事業を進めるために必要なリソース（技術・人材、開発・販売力など）をすべて自社で抱え込む、いわゆる自前主義では変化の激しい時代に国際競争力を発揮できなくなってきたことを背景として進められたものである。他社と連携することで、事業展開に必要な要素を補完しながら特定の製品・サービスの開発などの目的を達成する。多くの場合、主体となる企業があり、その製品・サービス開発に他社が参画する、といった事例が多いが、必ずしも特定の連携内容ではなく、他社と積極的に連携する志向を指し示すこともある。

コレクティブ・インパクトに向けた2つの潮流

マインドセットとして他社（他者）との連携に積極的であることは、コレクティブ・インパクトでも前提であり、その意味でオープン・イノベーションとの重なりも大きい。しかし、コレクティブ・インパクトは単一の製品・サービス開発を目指す活動ではなく、むしろ複数の主体が別個に取り組む活動を共通の課題解決に向けて束ねていくものである。この点で最初から特定企業のビジネスを想定するオープン・イノベーションの取り組みとは異なる。

しかし、最近の潮流を見ると、こうした従前の取り組みとは異なる方法で、社会実装のスピードやスケールを大きく凌駕しようとする試みがみられ、まさに社会全体でコレクティブ・インパクトといえる活動が見られ始めた。ただし一口に社会全体で取り組むコレクティブ・インパクトと言っても、その規模はさまざまである。

大きなインパクトを達成するためには、国全体や場合によっては国境を超えたグローバルな取り組みが必要だ。後述するカーボン・ニュートラルの実現はまさにその例である。広範なバリューチェーンに関わる多くのビジネス主体、規制や公的支援を行う行政、消費者の行動変容に働きかける住民団体やＮＰＯなど、多くの関与が大規模で機能して初めて到達できるゴールである。

一方、取り組みとしては小さくてもスピーディーに始めることに価値が高いものもある。特に地域課題の解決には適切な関係者を巻き込みながら、徐々に活動を広げていくことも多い。限られた関係者で進むプロジェクトでは、信頼や相互承認に基づく共領域を形成しやすいというメリットがある。また、仮に取り組みがうまく進捗しない場合でも、事業の方向転換が比較的容易であることも強みである。こうしたマインドセットは、スタートアップ企業が事業を短期間でスモールスタートさせ、市場の反応次第ですばやくピボットさせることで経営をスピーディーに舵取りする様にも類似している。ただし、こうした規模の小さい取り組みは、特定地域だけで終了させることなく、ここで得られた知見を同様の課題を抱える別の地域に横展開することに次のハードルがあることもまた事実である。

では次に、社会全体で取り組む社会実装の事例として、大きな社会実装の例としてカーボン・ニュートラルを、小さな社会実装として地域の取り組みを2つ紹介する。

〈有識者の見方：コレクティブ・インパクトに向けた社会実装へのヒント〉

鎌田 富久（かまだ とみひさ）
ＴｏｍｙＫ Ｌｔｄ．代表（株式会社ＡＣＣＥＳＳ共同創業者）

我々は、社会構造の大きな転換期の入り口にいます。地球温暖化や気候変動を引き起こす経済成長優先の考え方を、抜本的に見直す必要があります。少子高齢化がよく課題と言われますが、少子高齢化は成熟した豊かな社会の必然ともいえる現象です。それ自体が課題というよりも、それが課題となってしまう社会システムの方に問題があります。この古い社会システムを変える必要があって、新たな時代に適した社会システムの構築を急がねばなりません。

一方で、テクノロジーは急速に進化していて、人工知能やロボット、アバターや人間拡張などの先端技術がさまざま出てきて、医療やライフサイエンスの分野をはじめ、あらゆる分野でイノベーションが起きています。さらにはブロックチェーンや量子コンピュータといった新しい技術も進んできており、これらのテクノロジーを応用するスタートアップもどんどん出てきています。こうしたスタートアップが先導する動きを、社会を変える大きなうねりにすることが重要です。

校條 浩（めんじょう ひろし）

NSV Wolf Capital マネージング・パートナー

いままでの事業あるいは社会は帰納法で発想して来たと思います。ある程度目標があり、これからこの産業はこのくらい伸びるという想定のもとに計画を立てて、細かく予算をつくり、規律を守りながら計画を達成していく。日夜努力をされて来たと思いますが、デジタライゼーションやコロナ禍をきっかけとして、今後変えなくてはいけないということが言われています。しかしこれには帰納法ではなく、演繹法で考えないとダメなのです。まだわかっていないものに変革していくわけですから、まず仮説から始めなくてはいけない。仮説・検証を繰り返すのが演繹法です。

ただし、新しいアイデアで事を始めるというのは、インキュベーションやベンチャー投資などがたくさん起きていますが、演繹法で立ち上げた新しい事業・仕組みを帰納法で頑張っていらっしゃる皆さんが受け取れるくらいの、信頼できるしっかりしたものをつくり上げてバトンタッチする、もしくは置き換えてしまうくらいの帰納法としての事業が立ち上がるようにすること、つまり演繹法から帰納法へのトランジションこそが一番難しいのです。そこのトランジッションに、汗をかいていろいろ動き回る仕掛人のような人が必要です。そのときに帰納法と演繹法と投資家をつなぐ触媒の方もいらっしゃる。これからはこうした触媒や仕掛人の方の存在がものすごく大事になってきます。

椙山 泰生（すぎやま やすお）
京都大学名誉教授／椙山女学園大学現代マネジメント学部教授

エコシステムの時代でリーダーシップを発揮していくことが求められています。イノベーションにおいて単独ではなく各社の製品・サービスのシステムを理解したうえで、全体像を理解したうえでのリーダーシップが重要になってきます。

そういった時代で大事になってくるのは、全体の設計から部分のコントロールへ、の発想ではなく、各プレイヤーの自律分散型のイニシアティブにより、システム全体が創発的に動いていくという関係、あるいはシステムの在り方なんだろうと考えています。そのような時代のリーダーシップでは構想の提示による方向づけ、システム全体のリスクを負担すること、あるいは新しいビジネスやサービスを普及させるため後押しするためのインセンティブの提供、標準化やインターフェースの提供といったことが求められます。これらは、これまでの時代とは少し異なったシステムではあるものの、創発を考えるという複雑な関係をどのようにマネージしていくのか、どのようにリーダーシップを発揮して動かしていくのか、といったことが求められる時代になってくると考えています。

またプレイヤーは、いまやビジネスに関連したプレイヤーばかりではありません。非日常戦略とも呼ばれるのですが、企業以外のさまざまなステークホルダーへの働きかけが大事な時代になってきています。政府や地方自治体・NPO・病院や学校などのさまざまなプレイヤーを動かしていくといった力も求められています。

宮城 治男（みやぎ はるお）

元NPO法人ETIC.代表理事

この社会をよくしていくといったことを念頭に、チャレンジしていくことが当たり前というか、ある種のネイティブ世代のような感じで新しい若いリーダーたちが登場してきているなと感じます。彼らからしてみればソーシャルな目線を持って事業に取り組んでいく、それがたとえば営利企業にしろ非営利の取り組みにしろ、もう欠かせないものになっているということを実感しています。

複雑な課題や状況に対応するためにコレクティブ・インパクトといわれるようなセクターを越えて、企業や自治体・行政、営利・非営利超えた組織が連携しながら取り組んでいく。

そこで、それぞれが当事者意識をもちながら答えをつくり出していく、見出していく、というような動きが本当に不可欠になっていくということを感じています。

グローバル課題からの社会実装：カーボン・ニュートラル

社会全体で取り組まなければ実現できない、きわめて重要なイノベーションとして真っ先に挙げられるのは気候変動対策である。本節では、カーボン・ニュートラルの実現に向けた世界の潮流を踏まえて、特にコレクティブ・インパクトが切望される水素活用の進め方について記す。

世界的に見ても注目度の高い水素は、現時点ではエネルギーとして利用する場がなく、社会実装のためには製造⇓輸送⇓供給⇓需要の一連のサプライチェーンを新たに構築する必要がある。水素の製造〜輸送〜供給などに係る企業や国・地方自治体などがそれぞれの立場でカーボン・ニュートラル達成に向かって行動することが必要であり、併せて水素を利用する側の企業や最終需要家による行動変容によって、強い決意をもって水素を積極的に利用するなどの、まさにコレクティブ・インパクトによる水素社会実現が期待されている。

加速する気候変動対策

カーボン・ニュートラルはわが国にとっても産業や社会の命運を左右する最重要な課題の一つになった。まずは簡単にこれまでの経緯を整理してみたい。

２０１５年のパリ協定では、「世界的な平均気温上昇を産業革命以前に比べて２℃より十分低く保つとともに、１・５℃に抑える努力を追求すること」が示され、そのために「今世紀後半に人為的な温室効果ガスの排出と吸収源による除去の均衡を達成する」ことが目標として掲げられた。しかし、米国ではバイデン大統領が大統領選の公約において（今世紀後半ではなく）２０５０年までの温室効果ガス実質排出ゼロ達成を掲げ、わが国でも菅総理（当時）が２０２０年10月の所信表明演説において「２０５０年までに、温室効果ガスの排出を全体としてゼロにする」ことを宣言したように、世界各国の気候変動関連目標は２０２０年秋ごろより世界的にフェーズチェンジしており、21世紀半ばでのカーボン・ニュートラル達成を目指すことはもはや世界的な潮流となっている。

２０２１年４月22、23日に開催された気候サミット（米国主催）では２０３０年までの気候変動対策関連の取り組み、途上国支援、クリーンエネルギー経済への移行、イノベーションなどについて議論が行われ、複数の首脳が２０３０年までの排出削減目標の更なる引き上げや２０５０年までのカーボン・ニュートラルなどについて発言している（図表２-18）。

2021年6月に英国コーンウォールで開催されたG7コーンウォール・サミットの共同宣言においても、遅くとも2050年までのネット・ゼロにコミットすることを表明するとともに、これまで事実上の国際目標であった2℃目標には言及せず、代わりに1・5℃目標が明記されている。

このような国際情勢の中、日欧米とも気候変動対策を産業政策と位置づけ、経済と環境の好循環に向けて政策を総動員する方向性を示している。EUでは2019年12月に欧州委員会が「欧州グリーンディール」を発表し、すべての政策分野において気候と環境に関する課題を機会に変えるために、2030年の温室効

図表2－18：2021年気候サミットにおける各国首脳の発言

首脳	国・機関	発言内容
菅首相	日本	2050 年カーボン・ニュートラルと整合的で野心的な目標として、2030 年度に GHG を 2013 年度から 46% 削減することを目指し、さらに 50% の高みに向け挑戦を続ける。
バイデン大統領	米国	クリーン化のための投資が、米国のこの 10 年間のおわりまでの排出半減を可能とし、2050 年までのネット・ゼロを実現する。
フォン・デア・ライエン委員長	欧州委員会	2030 年までに 1990 年比 55% 以上の排出削減を行う。欧州復興計画（約 1.8 兆ユーロ）の 30% を気候変動対策に充てる。
ジョンソン首相	英国	世界最初にネット・ゼロを法制化。気候資金倍増、2035 年に 1990 年比 78% 排出削減。
トルドー首相	カナダ	従来の 2030 年目標（2005 年比 30% 削減）を引き上げ、2005 年比 40-45% 削減を目指す。
習近平国家主席	中国	2030 年までに CO2 排出のピークを達成し、2060 年までにカーボン・ニュートラルを達成するよう努力する。
文在寅大統領	韓国	2030 年 NDC について、2020 年の見直しから追加で引き上げ、今年中に国連に提出する。
ボルソナーロ大統領	ブラジル	2030 年に 43% 減（2005 年比）、2050 年に排出実質ゼロを目指す（※従前は 2060 年）。

出所：各種資料より三菱総合研究所作成

果ガスの削減目標の引き上げ、必要な法制、投資額や手段をはじめ、具体的な行動が明示されている。また、2020年1月に発表された欧州グリーンディール投資計画では、今後10年間に欧州投資銀行を主軸として官民合わせて少なくとも1兆ユーロの投資を目指すことが掲げられている。

米国バイデン政権も、気候変動対策を雇用創出対策と位置づけた。2021年3月31日に発表された約2・3兆ドルのインフラ投資計画“The American Jobs Plan”では、約4分の1に当たる5700億ドルが電気自動車の普及や脱炭素電力システム構築などの直接的な気候変動対策に仕向けられ、GHG低排出産業の支援や手ごろでエネルギー効率の高い住宅整備など、間接的に気候変動に関連するものも含めると、1・9兆ドルにも上る。

わが国では、政府が2020年12月25日に「2050年カーボン・ニュートラルに伴うグリーン成長戦略」を公表(2021年6月18日改訂)し、14の重点分野を設定したうえで、民のイノベーションを官が規制および制度面で支援することを示している。同戦略では、予算、税、規制改革・標準化、国際連携などあらゆる政策を総動員するとともに、政府の2兆円の予算を呼び水として、約15兆円の民間企業の研究開発・設備投資を誘発することとしている。

さまざまなカーボン・ニュートラル達成シナリオにおける水素の重要性

このように、国際的には2050年カーボン・ニュートラルの実現はすでに目標として共有されており、現在はその実現に向けたバックキャスティングのフェーズである。研究機関などによる1・5℃シナリオの描き方は、必ずしも一様ではない。

代表的なシナリオとして国際応用システム分析研究所（IIASA）によるLow Energy Demandシナリオ（IIASA LED）、Royal Dutch ShellによるSky 1.5シナリオ（Shell Sky）国際エネルギー機関（IEA）によるNet Zero シナリオ（IEANZ）を紹介する（図表2-19）。

IIASA LEDはCO_2回収貯留（CCS）などのネガティブエミッション技術に依存せずに1・5℃目標を実現するために、基本的な生活の質を維持しつつ徹底的な需要抑制（現状の2分の1程度）による脱炭素化を目指すシナリオが描かれている。経済活動等の「活動量」は伸びつつも、そ

図表2−19：代表的なエネルギーシナリオにおける一次エネルギー供給量とCO2排出量推移

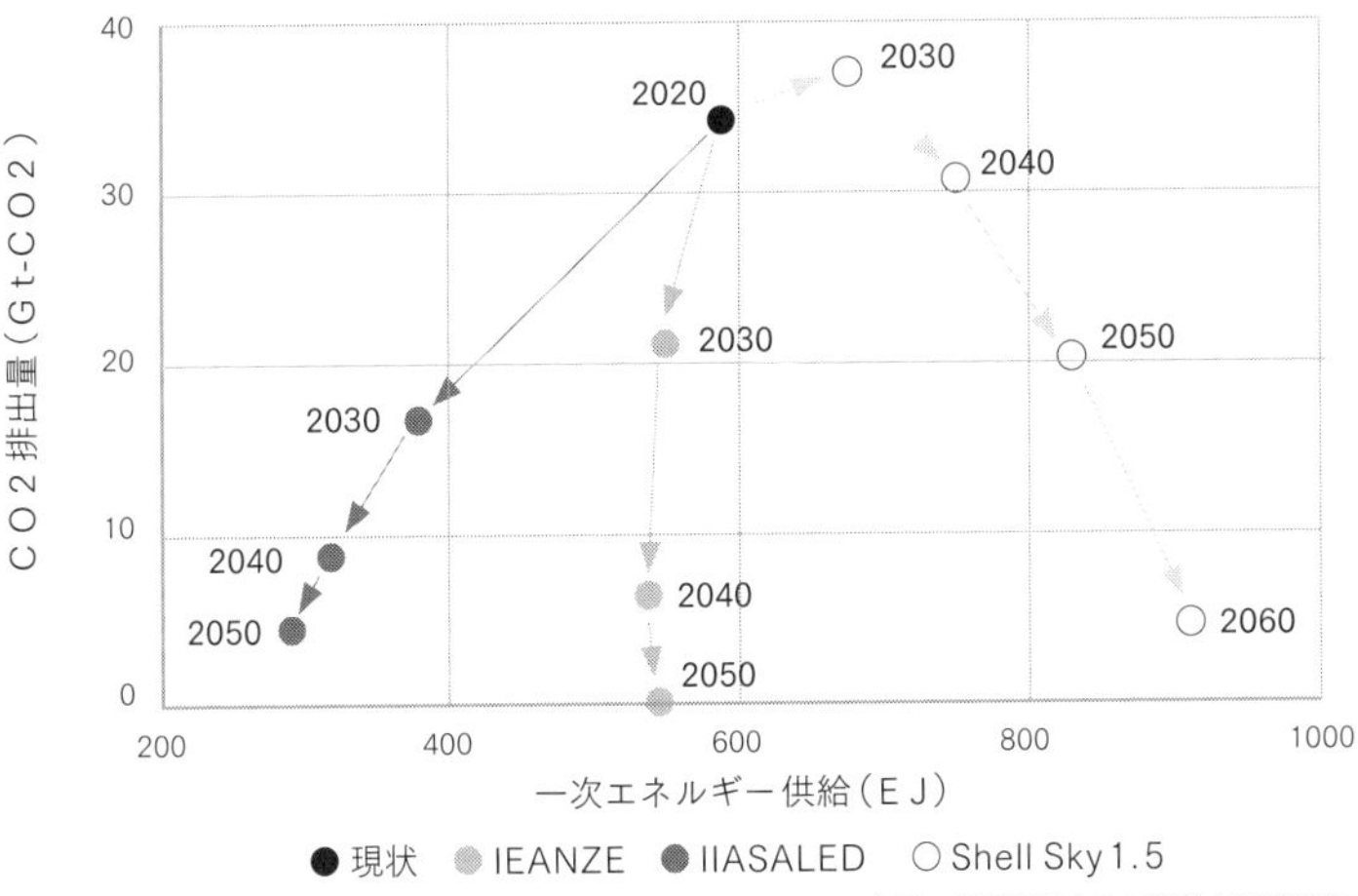

出所：各種資料より三菱総合研究所作成

れを上回る「効率改善」でエネルギー需要の絶対量が減少する想定であり、効率改善策としては消費者の行動変容、新たなビジネスモデル、デジタル化と最適化技術の向上などが挙げられている。

Shell Skyでは2050年までは化石燃料の利用継続によるGHG排出を一定程度許容したうえで、膨大なCO_2吸収を2050年以降に行い、1・5℃安定化を達成することを想定している。このためには現在の森林面積40億haの約2割に当たる7億haの森林再生が必要となるが、開発・森林火災などによる現状の森林消失面積が約500万ha／年であることと比較すると、かなり大胆なシナリオであると言える。

これらのシナリオに対し、IEA NZは比較的バランスの取れたシナリオと言える。世界全体での成長を想定しつつ、森林吸収源に頼らずにエネルギー起源および産業プロセス起源CO_2のネット・ゼロ化を描くシナリオであり、2030年までは再エネ・省エネ、2030年以降は電化やCCUS、水素利用が排出量削減に大きく寄与すると期待されている。水素利用は、短期的には産業部門（鉄、化学、製油所）や既存ガス供給網への注入が中心となり、その後発電用や運輸部門など、さまざまな分野に拡大する想定となっている。将来のカーボン・ニュートラル社会において、燃焼時にCO_2を排出しない水素は必要不可欠な存在であるとの認識がここにある。

注目を集める水素のサプライチェーン

カーボン・ニュートラルの実現に向けて、このように世界的に見ても注目度の高い水素は、現時点ではエネルギーとして利用する場がなく、社会実装のためには製造⇒輸送⇒供給⇒需要の一連のサプライチェーンを新たに構築する必要がある。

わが国では過去、燃料電池自動車を核として水素利活用が推進されてきた。水素ステーションと燃料電池自動車は、導入拡大が相乗効果で進んでいく、いわゆる「花とミツバチの関係」として、ステーションの先行整備が進められてきた。しかしながら、現状では一般消費者が燃料電池自動車をマイカーとして既存の自動車同等の利便性・コストで入手・利用することは難しい状況である。また、水素需要が安定的に発生すれば、それに牽引される形での水素の生産・供給網形成およびコスト低減が期待されてきた。しかしながら、自家用の燃料電池自動車は1台当たり年間86kg程度の水素需要であり、産業ガスとしての水素産業の規模を凌駕する新たな製造源や、ステーションまでの水素供給ネットワークが形成されなかった。その結果、2021年時点でステーションは154カ所、燃料電池自動車は6000台程度であり(注35)、水素が普及拡大に至ったとは言い難い。

2017年12月に発表された水素基本戦略で、製造・輸送の観点では海外からの大規模水素サプライチェーンの構築、国内の再生可能エネルギーの導入拡大と地方創生、革新技術の開発

注35：第27回水素燃料電池戦略協議会資料

といった項目が盛り込まれた。加えて、需要の観点では発電利用、モビリティ用途の多様化、産業プロセス・熱利用の可能性といった項目が新たに打ち出され、エネルギーとしての水素利用の範囲は飛躍的に拡大する方向となったが、現時点ではいずれも研究段階ないしは実証段階となっている（図表2-20）。

現在行われている実証は、水素製造～輸送～供給に係る事業者が連携実施する体制となっており、一定の企業間連携・サプライチェーン形成が進んでいるものの、需要については一時的な利用あるいは体制構築後の事業者による需要開拓に依存している。

求められる水素活用のコレクティブ・インパクト

水素は現在、乗用車のみならず、商用車、

図表2－20：主な水素サプライチェーン実証事業における体制

事業名	参加企業	最終需要
HySTRA（CO2フリー水素サプライチェーン推進機構）	丸紅、J-POWER、岩谷産業、川崎重工業	水素コージェネレーション（神戸市）
AHEAD（次世代水素エネルギーチェーン技術研究組合）	三菱商事、三井物産、千代田化工、日本郵船	東亜石油　自家発ガスタービン
FH2R（福島水素エネルギー研究フィールド）	東芝エネルギーシステムズ、旭化成、東北電力、東北電力ネットワーク、岩谷産業	東京オリンピック・パラリンピック向け燃料電池自動車、定置用燃料電池　他
H2－YES（山梨P2G）	山梨県企業局、東レ、東光高岳、東京電力ホールディングス	山梨県内の産業需要家

出所：NEDO資料、各種報道資料より三菱総合研究所作成

航空機といった運輸部門全般、そして産業部門の非電力用途への適用も期待されているが、こうした潜在需要を顕在化させることは容易ではない。それは水素が他のエネルギー源からつくられる二次エネルギーであり、製造源となるエネルギー（化石燃料、電気）と同じ価値（熱、動力など）を提供しようとすると、構造的にコストで劣後しがちとなることが一因である。燃料電池のような高効率技術を用いた場合でもそのハンディキャップを逆転することは容易ではなく、結果として技術的に実用化の目途が立っている水素利用設備（たとえば燃料電池や水電解装置、水素ボイラーなど）においても、電気や化石燃料などの既存エネルギーに対するコスト面での優位性が発揮できていない。

そうした観点では、水素を利用する側の企業が強い決意をもって、カーボン・ニュートラルの実現に向けて水素を積極的に利用する宣言・コミットメントを行っていく必要があり、そのためにはユーザー側の行動変容を促す仕組みが重要となる。加えて、水素の製造～輸送～供給などに係る企業や国・地方自治体などがそれぞれの立場でカーボン・ニュートラル達成に向かって行動することが必要となっており、まさにコレクティブ・インパクトの重要性が高まっている。

コレクティブ・インパクトの発揮によって、水素の安定的なサプライチェーン形成が初めて可能となる。後述するＬＮＧサプライチェーン構築の歴史と比較して、現在の水素サプライチェーン構築の動きにおいて水素を利用する側の企業（需要家企業）のコミットメントが発せられていないことが最大の違いであるとともに最大の課題である。

水素を利用する側の企業（需要家企業）は、自社の提供する製品・サービスを脱炭素化しなければならないという強い意思の下で、こうしたサプライチェーン構築の重要性を認識し、参画していく覚悟が求められる。同時に、脱炭素型の製品・サービスが最終需要家である一般消費者に受け入れられることも必要であり、また、需要家となる事業者（産業、運輸）のみならず、そうした事業者から製品やサービスを受ける消費者も、脱炭素に向けた水素の役割・価値を共有し、脱炭素型の製品・サービスを選択する行動変容が求められる。まさに、コレクティブ・インパクトを通じて水素のサプライチェーンを構築し、コスト競争力のある水素社会の到来を図っていくことが求められている（図表2－21）。

共領域の創出がカギ

こうした特徴を踏まえれば、水素エネルギー利用の拡大は、民間事業者だけでは成しえないエネルギーシステムの転換である。官は制度・市場設計を担う役割はもちろん、民間の巨大な

図表2－21：水素の社会実装に向けたコレクティブ・インパクト構築のイメージ

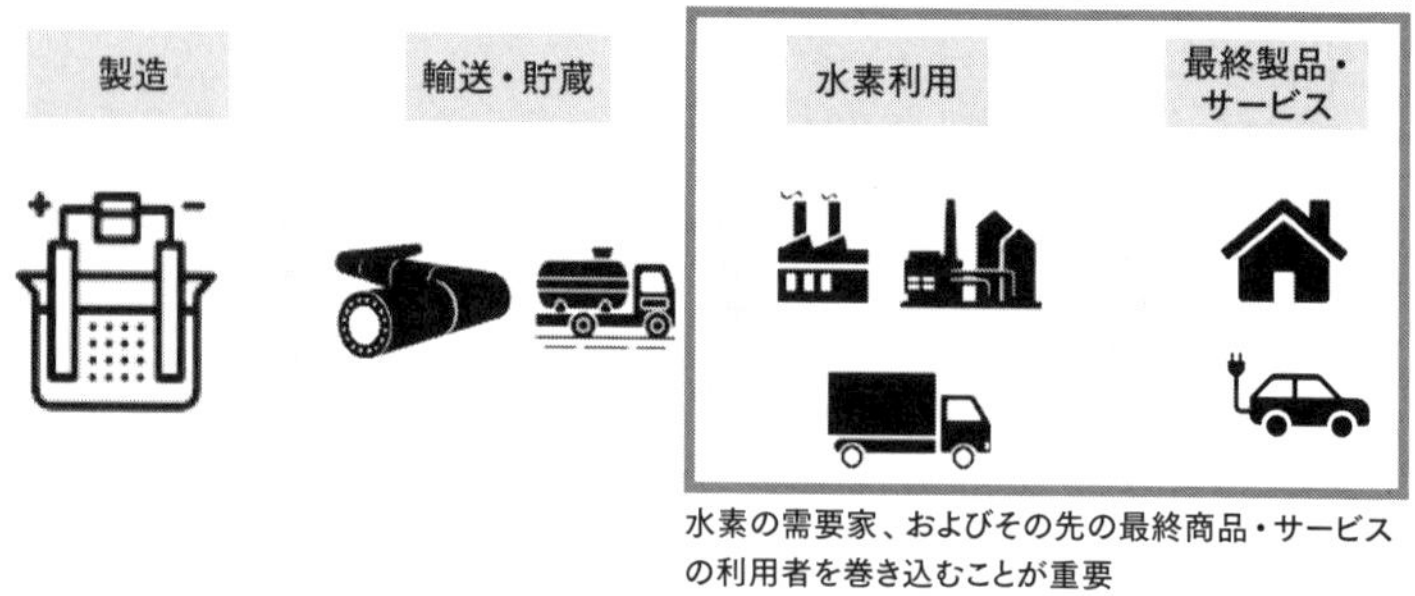

出所：三菱総合研究所

事業リスクをヘッジし、安定的な投資環境を整備すると言う意味でも重責を担うことになる。水素は主にB to Bで取引されるエネルギーであるものの、取引主体となる事業者間のみならず、政府や一般消費者を含めたコレクティブ・インパクトの形成が重要である。また、内外情勢や技術進歩に絶えず目配りしながら、全体最適なシステムを追求していくことが必要である。カーボン・ニュートラル実現に不可欠な水素の社会実装に向けては、不確実性の高い事象に対する取り組みを長期的に積み重ねていく必要があり、官民がカーボン・ニュートラルという共通した目標に対して信頼関係を持って、すなわち共領域を形成して一体的に取り組むことが求められる典型的な例である。

コレクティブ・インパクト発現に向けた参画メリットの創出

水素活用を含む、多くのカーボン・ニュートラルにまつわるイノベーションは不確実性をはらむことから、複数の可能性に向けて総力戦で対応する必要がある。水素分野でも同様で、さまざまな水素製造技術、輸送貯蔵技術、利用技術を同時並行的に開発するとともに、まだ十分に成熟していない複数の技術・手段に対して先行的に導入を仕掛ける必要がある。まさに、いかにして「共領域」を創出するかが問われるわけだが、その際、必須なのは参画メリットの創出である。特に短期的には投資先行で回収の見込みが立ち難い水素活用の場合、企業の参画メリットの適切な設計がカギになることは明白である。

過去を紐解くと、1960～70年代にわが国でLNGサプライチェーンが形成された当時、天然ガスは石油など既存燃料よりも割高であったが、エネルギーセキュリティ（中東依存度の低下）および低環境負荷（硫黄分の含有が低く、NO_xやCO_2の発生量も石油・石炭より少ない）といった便益を先見的に見出し、LNGを利用する側の企業＝需要家（LNGの場合は電気事業者、ガス事業者）を含むサプライチェーン上のステークホルダーが一体となって取り組んだ結果、世界のエネルギーの一角としての地位を築くに至った。その後、二度の石油危機を経て、1979年の第3回IEA閣僚理事会コミュニケにおいて、ベースロード用石油火力の新設・リプレースが原則禁止となり、わが国においても同時期に石油代替エネルギーの開発および導入の促進に関する法律（いわゆる代エネ法、現在の非化石法）が制定され、石炭・天然ガス・再生可能エネルギーといった石油代替エネルギーの導入促進といった国内外の政策的潮流によりさらに確たる地位を築き上げることとなった。

このLNG普及期における企業の参画メリットは、各種資料（注36）によれば以下の通り整理される。

・東京ガスは、ガス需要増を背景に高カロリーかつ低環境負荷燃料を模索しており、天然ガスがそのニーズに合致した。当時、都市ガスは石炭から製造する合成ガスであり、それを天然ガスへ切り替えるための需要家のガス器具の熱量変更が必要

注36：たとえば、「水素サプライチェーンの実現に向けて－LNG導入経験を踏まえ」三菱商事プレゼンテーション資料（2014年4月14日水素燃料電池戦略協議会）https://www.meti.go.jp/committee/kenkyukai/energy/suiso_nenryodenchi/suiso_nenryodenchi_wg/pdf/005_s02_00.pdf
「LNG（液化天然ガス）の導入から50周年」2019年11月1日東京ガスプレスリリース　https://www.tokyo-gas.co.jp/news/press/20191101-01.html
「LNG導入50年と日本の経験の東南アジア諸国への伝播」橘川武郎　世界経済評論2019年12月16日　http://world-economic-review.jp/impact/article1575.html

であったが、東京ガスはそれを17年の歳月をかけて550万件の需要家に対して成し遂げた。

・東京電力は、大都市・横浜に火力発電所を建設するためには公害対策を徹底する必要があり、SOX（硫黄酸化物）をまったく含まずNOX（窒素酸化物）の含有率も低いLNGを火力発電用燃料として導入することにメリットがあった。

また、東京ガスと東京電力が連携することで、調達量を拡大することにより交渉力を強め、LNGの買取価格を引き下げる、LNGの受け入れ設備を共同使用することによって諸コストの低減を図る、といったメリットがあった。

このように需要家側での大きな決断とぶれない実行が不可欠であったとみられるが、同時に上流開発やサプライチェーンの確立に巨額の投資が必要であった。こうしたなかでPhillips Petroleum社（当時。現在はConocoPhillips）などが売主だった「アラスカLNGプロジェクト」を、三菱商事によるサプライチェーン構築のコーディネートで実現しえたこともきわめて大きな要素であったと考えられる。

政策措置としては、税制優遇（たとえば、石油税の暫定無税化、輸入関税ゼロ）や補助金（熱量変更に要する費用に対する助成）、上流開発・輸送・需要設備などに対する融資支援が行われ、導入拡大を下支えした。

こうした過去のＬＮＧサプライチェーン構築の歴史と比較すると、現在はカーボン・ニュートラルに向けた強烈なドライブがかかっており、需要家に相当する企業が取り組むべき状況にあることは論を待たない。水素関連設備に対する導入補助金は従前より実施されているが、同時に利用する側の企業および最終需要家などの行動変容を促すための価格シグナルで脱炭素化に向けた一定のインセンティブを創出することも重要である。同時に、先行的・ハイリスクな投資に対するインセンティブも重要になってくる。また、当然ながらこうした政策等を実行するにあたっては国民の理解も重要となる。さまざまな意味で共領域の形成が重要と考えられる所以である。

水素活用促進がもたらす社会コストの低下

将来のカーボン・ニュートラル社会において、燃焼時にCO_2を排出しない水素は必要不可欠な存在であり、特に国内の余剰電力を用いた水電解による水素製造は、エネルギー自給率の向上に加え、電力システムの安定化に貢献しうる点で社会的価値が高い。したがって、水素がもたらす価値（エネルギー自給やカーボン・ニュートラルといった価値）をサプライチェーンに関わるすべての企業が共有したうえで、それが評価される制度や市場が必要である。

また、水素は、ＬＮＧよりも原料や製造法が多岐にわたり、輸送手段も複数候補があるなど、そのシステム設計はきわめて複雑となる。エネルギー需要が低下傾向にあるなか、水素のための新規インフラ投資は容易ではないが、水素の「つなぐ」機能を最大限に活かし、水素単体で考えるのではなく、電力やガス・石油といったエネルギー同士で役割分担・相互補完し合うことで、日本全体としてのエネルギーコストとインフラ整備費用を最小化することが可能となる。

繰り返しとなるが、水素の製造～輸送～供給などに係る企業や国・地方自治体等がそれぞれの立場でカーボン・ニュートラル達成に向かって行動することが必要であり、併せて水素を利用する側の企業や最終需要家による行動変容によって、強い決意をもって水素を積極的に利用するなどの、まさに共領域からのコレクティブ・インパクトによる水素社会実現が期待されている。

リージョナル課題からの社会実装1：平均寿命最短県の挑戦・弘前地域の健康寿命延伸プロジェクト

社会を現場から変えるボトムアップ型のアプローチ

バックキャスティング×共領域のアプローチは大きく2つある。一つはトップダウン型だ。前節で紹介したカーボン・ニュートラル実現に向けた動きがその典型である。CO_2排出ネットゼロの実現に向けては、まずは大きな目標を設定し、地球規模で各国の政府、産業界、国民を巻き込んで社会を変革することが必要だ。

もう一つはボトムアップ型だ。社会を構成する一つひとつの地域（現場）で、高い志を持った人材がそれぞれのビジョンを共有しながら社会を変革する先導的な事業に取り組んでいる。まずはこうした事業を成功に導くことが重要だが、さらに実現した成功モデルを他地域に展開することで、先導的な取り組みを実現することが大きな流れとなり、新しい時代をつくる大きな力となる。

以下では、平均寿命短命県の青森で、健康を軸に価値創造に取り組む先導的なコミュニティの事例として弘前大学ＣＯＩ（Center of Innovation）を紹介する。ここでも、健康寿命を延伸するとの目標を共有した多様なプレイヤーが協働し全体最適を実現する「コレクティブ・インパクト」や新たな価値を生み出すコミュニティである「共領域」の形成が成功のカギとなっている。

弘前大学が主導し、産公学民連携で「寿命革命」エコシステムづくりに挑戦

青森県に、健康を軸として価値創造に取り組むコミュニティがある。その中心は、健康ビッグデータをベースとして「寿命革命」エコシステムの構築に挑戦している弘前大学ＣＯＩだ。弘前大学ＣＯＩが中心となって、青森県、県下すべての40市町村、青森県医師会、他地域の大学、約40社の民間企業、さらには県下の住民など、産公学民の関係者が集結する強固なコミュニティを構築し、寿命革命のエコシステムづくりに邁進している。まさに多様なプレイヤーが協働し、青森県の寿命革命を目指すコレクティブ・インパクトを体現する取り組みである。

これだけ多くの関係者を巻き込んで事業を推進できているカギは何か。それは関係者の誰もが納得する明確なビジョンを掲げ、共有することだ。共領域を形成するためには、活動に参加する関係者が共感できる新たな価値を目標として設定することが必要である（図表2-22）。青森県は、平均寿命の都道府県ランキングで最下位、つまり日本一の短命県である。特に、40代、50代の働き盛り世代の死亡率が高いのは深刻だ。弘前大学ＣＯＩでは、こうした逆境を逆手に

とってわかりやすいビジョンを掲げた。それが「青森県の短命県返上」である。このビジョンには、深刻な社会課題をなんとか解決しようとするリーダーの強い意志が凝縮されており、ビジョンに賛同する多くの関係者を呼び込んだ。

ビジョンの共有と多様なプレイヤーの巻き込み

このビジョンのもと、弘前大学ＣＯＩでは、最初に課題の分析と対策の策定に取り組んだ。課題としては、「生活習慣が悪い」「検診受診率が低い」「病院受診が遅い」「通院状況も悪い」点が指摘された。これに対する対策としては、「もっと健康の知識（健康教養）をつける」「県民全体の盛り上がりが必要」などが打ち出された。

こうした認識を踏まえ、弘前大学ＣＯＩが

図表2－22：青森県の平均寿命

平均寿命都道府県ランキング（男性）

	昭和40	昭和60	平成12	平成17	平成22	平成27
1	東京 69.8歳	沖縄 76.3歳	長野 78.9歳	長野 79.8歳	長野 80.9歳	滋賀 81.8歳
44	岩手 65.9歳	長崎・鹿児島 74.1歳	佐賀 77.0歳	高知 77.9歳	福島 78.8歳	和歌山 79.9歳
45	秋田 65.4歳	高知 74.0歳	高知 76.9歳	岩手 77.8歳	岩手 78.5歳	岩手 79.9歳
46	青森 65.3歳	大阪 74.0歳	秋田 76.8歳	秋田 77.4歳	秋田 78.2歳	秋田 79.5歳
47		青森 73.1歳	青森 75.7歳	青森 76.3歳	青森 77.3歳	青森 78.7歳

出所：村下公一氏（弘前大学 COI 副拠点長）

中心となり、産公学民の連携による社会イノベーションとなる「岩木健康増進プロジェクト」を興したのである。多様なプレイヤーが参画して全体最適を実現する、まさにコレクティブ・インパクトとなっている（図表2-23）。

プロジェクトでは、青森県下の全40市町村で健康宣言を行い、約100の小中学校で健康授業を実施、県下の企業では健康経営認定制度を導入し、青森県医師会は健やか力推進センターを設立し、健康リーダーを育成している。

そして産公学民連携で継続的、自発的に多種多様なイノベーションを生み出すCOI拠点として機能しているのが弘前大学だ。青森県や弘前市などの「公」は新事業創出支援、健康づくりの支援を行い、約40社が参加する「産」は新事業や雇用を創出する。

「学」も弘前大学だけではない。健康ビッグ

図表2－23：弘前大学COIの産公学民連携

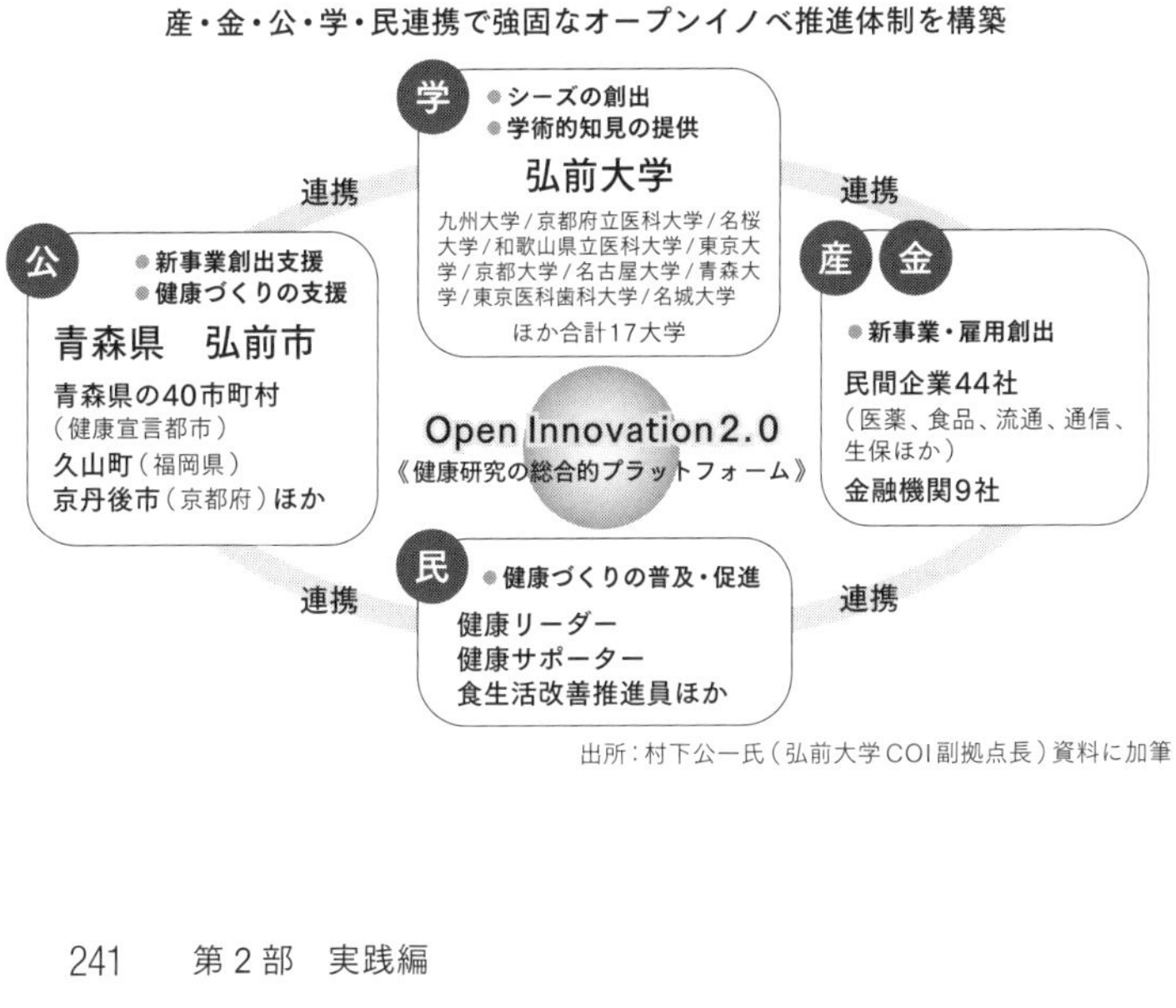

出所：村下公一氏（弘前大学COI副拠点長）資料に加筆

データを集めるのは弘前大学に加えて京都府立医科大学、和歌山県立医科大学、九州大学、沖縄県の名桜大学などの地方大学が担当する。生活習慣病などの発症予測アルゴリズムの解明はデータ解析の専門家を有する東京大学、東京医科歯科大学、名古屋大学、京都大学などの大都市圏の大学が担当する。弘前大学では、こうした大学間連携を「戦略的他力本願」と称している。プライドの高い大学がこのような戦略的アライアンスを結ぶのは簡単ではないが、弘前大学は大学間連携のプロデュースを見事にやり遂げている。

ビッグデータを戦略的に整備し、連携の重要なツールとする

弘前大学ＣＯＩの取り組みの一番の特徴は、健康ビッグデータを整備したことだ。デジタルトランスフォーメーションやＡＩが注目されるデータの時代が到来している。弘前大学ではデータの時代が到来することを念頭に置き、すでに15年にわたって健康ビッグデータを整備してきた。

データは大規模住民合同検診で収集する。調査は毎年行い、毎年の受診者は約１０００人。全疾病、全死因、全般的健康度に関するデータを約２０００〜３０００項目で集める。収集する主な項目は、遺伝学分野（ＤＮＡなど）、健康・科学分野（性別・血圧・体力・肥満・共生細菌・診療データなど）、人文科学分野（就寝時間・会話の頻度・食事・趣味・ストレスなど）、社会科学分野（労働環境・経済力・学歴など）など多岐にわたっている。特に生活習慣に関す

る分野のデータが厚い点が特徴だ。

ユニークな検査では、マイクロスコープで指先の毛細血管の状態を把握するものがある。これで冷え性の状態がわかる。野菜由来の抗酸化物質に着目し、小さな機械に手のひらをかざすだけで野菜の摂取量がわかる検査もある。さらに、味覚、嗅覚、睡眠、コロナに関連するデータ収集も計画されている。

世界に類を見ない貴重な健康ビッグデータのもとに日本の頭脳が結集し、複数の大学の連携による最強ビッグデータ解析チームが本格稼働している。たとえば京都大学は、糖尿病発症の1年前における関連要因を同定し、約20種の検査項目を使って80％以上の正答率を得る「早期予測モデル」の構築に成功した。さらに東京大学は、生活習慣のパターンに基づいて過去・未来の健康状態をシミュレーションし、シミュレーションに基づいた適切な健康プランの立案を目指している。

企業の参画が拡大。健康・自立分野でのビッグデータ活用の先駆けとなる

弘前大学ＣＯＩには、カゴメ、花王、エーザイ、ライオン、協和発酵バイオ、クラシエ、サントリー、ハウス、大正製薬など多くの著名な民間企業が参画している。地方大学がリードするプロジェクトで、これだけ多くの大手企業が研究開発費を負担しながら参画するのは異例といってよいだろう。

健康ビッグデータが多くの企業を集める武器だ。コレクティブ・インパクトを実現するためには、共感できる目標とともに関係者を惹きつける武器が必要であるが、この取り組みでは健康ビッグデータがその役割を果たしている。参画する各企業がそれぞれの視点から岩木健診フィールドでデータを測定し、共有データと組み合わせての解析を実施している。たとえば「水と生きる」というスローガンを掲げているサントリーは、水分摂取量データを取得しているが、これと他の3000項目との関連性を探ることができる。花王は、皮脂に含まれるRNAを採取し、健康状態・生活習慣・加齢変化と肌・毛髪・頭皮状態との関係解析を行っている。

企業と大学との間で戦略的にデータを共有し、共同解析を行う動きも活発だ。たとえば協和発酵バイオと東京大学は脂肪肝とアミノ酸の関係を、大正製薬と京都大学は風邪・疲労・毛髪の関係を解析している。

人間の健康は、生理・生化学データだけでなく、その人が置かれている生活環境や労働環境まで見なければわからないといわれている。遺伝学分野や健康・科学分野だけでなく、人文科学分野や社会科学分野のデータまで収集していることが多くの企業を惹きつける魅力となっている。

COIでは、10年後を見通した革新的な研究開発課題を特定し、既存の分野や組織の壁を取り払い、企業や大学だけでは実現できない革新的なイノベーションを産学連携で実現するとともに、革新的なイノベーションを連続的に創出することを目指している。COI全体ではこうした活動の成果として、前述のとおり平成25年度から令和2年度までの活動実績として、ベンチャー起業57社、企業との寄付講座・共同研究講座は年間約4億円、企業からのリソース提供額365億円、外部資金獲得額約369億円など、国からの拠出額630億円に対し、既に多くの成果が得られている。

弘前大学COIでも、先に示した44の民間企業、9の金融機関と産学連携しつつ活動を進めており、15の共同研究講座を開設するなど有力企業からの大型投資が本格化しつつある。多くの企業研究員が大学に常駐し、強固な健康イノベーションプラットフォームを構築しつつある。

究極のゴールは住民の行動変容：基本モデルとしてQOL健診を確立

産公学民連携で最も難しいのは住民の巻き込みだ。ビジョンに掲げた短命県を返上するためには、生活習慣病の予防と管理を行うための住民の行動変容がカギである。究極のターゲットである住民を巻き込んで、初めてコレクティブ・インパクトは完成する。そのため弘前大学COIでは、COIのあらゆる成果を集約した「新・行動変容プログラム」を開発し、真に行動変容までつなげられる総合的な仕組み（QOL健診）を構築した。

健診の特徴は、①メタボ、ロコモ、口腔保健、うつ病・認知症の重要4テーマを総合的に検診する、②半日（健診は約2時間）でおわり、検査結果を即日還元、③健康教育（啓発）に力点を置くことの3点である。健康意識が低く、まだ症状がない住民が真のターゲットであり、単なる病気の判定ではなく、その後の行動変容につながる「健康教育・啓発」が究極の狙いだ。

先に紹介した1日の野菜摂取量がわかる検査や自律神経のバランスがわかる検査などを織り込み、楽しみながら気づきを与える点も工夫されている。本人の気づきによる強い動機づけと楽しみながら行動変容を促すことで実効性のあるプログラムとなっている。

ＱＯＬ健診の横展開で社会を変革する

弘前大学ＣＯＩでは、確立したＱＯＬ健診の国内外での展開にも取り組んでいる。ボトムアップ型の優れた取り組みは、その地域だけで閉じてしまってはもったいない。優れた取り組みは他地域に展開することで「社会運動化」し、社会を変革する大きな力となる。弘前大学ＣＯＩは、まずは青森県下の青森県赤十字血液センター、青森県総合健診センター、八戸総合健診センターなどの健診センターに加え、ＪＡ（農協）、ＪＦ（漁協）、イオン、みちのく銀行、青森銀行などの企業健診にも導入した。

国内他地域への展開では、名桜大学とともに沖縄県名護市で「やんばる版プロジェクト健診」を実施するなど、複数の取り組みを行っている。当社理事長の小宮山が代表を務める団体「プラチナ構想ネットワーク」も一役買っている。ＱＯＬ健診を193の自治体会員や115の法人・ベンチャー企業会員に紹介し、導入を支援している。

アジアを中心に海外展開にも動いている。政府の進めるアジア健康構想と連動して、ベトナムでのＱＯＬ健診の展開にも取り組んでいる。日本は世界に先駆けて超高齢化に直面しているが、アジア諸国も日本の後を追いかけるように高齢化が進行しており、日本と同様に医療・介護を中心とした疾病の予防、健康な食事などのヘルスケアサービスなどが求められている。

ビッグデータや科学に基づくエビデンスベースで生み出されたQOL健診は、青森県や日本以外でも有効性を説明することが可能だ。世界に先駆けて高齢化を迎えた課題解決先進国・日本が世界に誇れるソリューションとして、アジアの健康づくりに貢献することが期待される。

写真6：QOL健診の風景

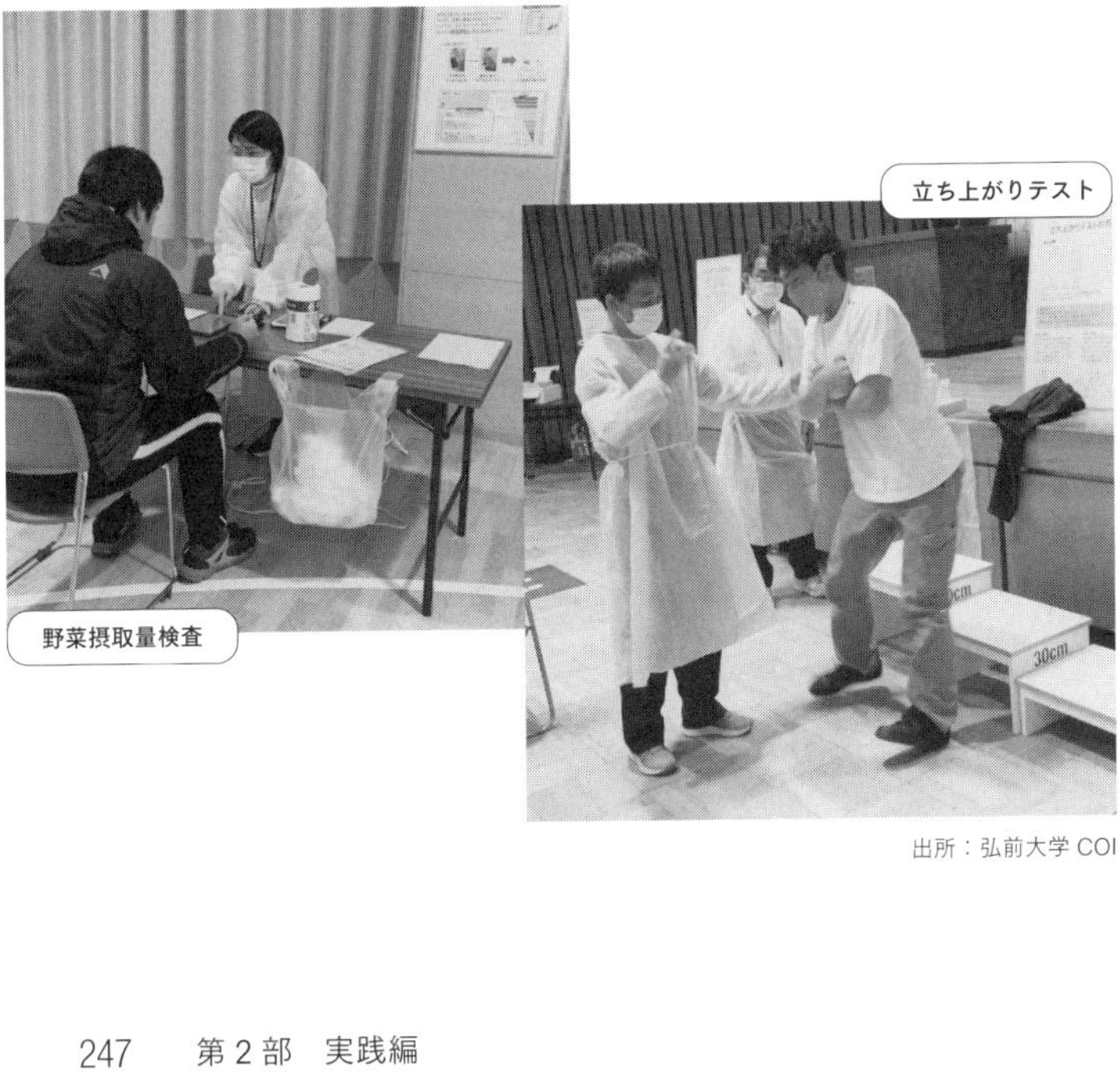

出所：弘前大学 COI

リージョナル課題からの社会実装2：種子島の地域エネルギー自立と産業創造

イノベーションは地域再生を実現しうるか

いま人口減少やグローバリゼーションがもたらす負の影響としての社会経済の停滞は、地方でこそ顕在化している。このため過去何十年にもわたり地方再生や地方創生などの掛け声のもとにさまざまな施策が行われてきたが解決には程遠い状況が続いている。中山間地、離島、半島などはとりわけその傾向が強く出ている。

イノベーションは社会を豊かにするものでなければならない。衰退を続ける地方を再生することもイノベーションの範疇である。ここではとりわけ社会実装がカギを握る。成功事例はこれまでのところ決して多くはないが、注目すべき取り組みとして以下に種子島における東京大学チームの取り組みを記したい。

技術実装の阻害要因としての地域の社会課題

東京大学未来ビジョン研究センターの菊池康紀准教授を中心とするチーム（以下「東大菊池チーム」または「東大チーム」と表記）が、バイオマス変換技術の実証地候補を選定するために、技術を保有するアサヒビール株式会社の小原聡氏（現・東京大学未来ビジョン研究センター特任教授）や台湾成功大学の福島康裕 助理教授（現・東北大学大学院工学研究科教授）らとともに種子島を初めて訪れたのは2009年であった。サトウキビの単位面積当たりの収量を増加させ、かつ、製糖工場でサトウキビから原料糖を生産する工程で副生される最終糖蜜と、サトウキビの搾りかす（バガスという）を、製糖以外の用途に活用する技術の実証試験である。

しかし現地で行政や企業などに協力を求めるための打合せで聞かされたのは「農家の減少」「作付面積の減少」「農家が高齢化していてサトウキビの手刈りが辛い」「機械化したいが資金がない」「単独農家では対応できないが組織化は難しい」など、バイオマスの意義には理解を示しつつも現実的な阻害要因が多々あるとの慎重で悲観的な数々の発言であった。

東大チームが目指したのは、自分たちの技術で数万トン単位のバイオマスが増産できるかという規模であったので、どうしても幅広い協力体制を島内で築いてもらう必要があった。このため彼らは、自分たちの技術実証を実現するために、島の多くの社会課題と正面から向き合うことになった。

種子島の苦悩

種子島の行政や企業、農家にはそれぞれ置かれた状況があった。種子島は鉄砲伝来の島として知られ、近年は国立研究開発法人宇宙航空研究開発機構（ＪＡＸＡ）の種子島宇宙センターがあることで知られている。面積は４４４㎢と離島のなかでは大きく、横浜市とほぼ同じだが人口は2万９０００人強と少ない。人口がピークだったのは国勢調査ベースでは１９６０年（昭和35年）の6万５０００人弱のときであり、以来60年余にわたり人口減少が続き、いまや最盛期の半分以下となった。高齢化率は33％を超え、全国値（28％）を5％上回っている。

その原因として、大学などの高等教育機関がなく、また雇用機会も限られることから高校の卒業生が島外に出ていくことが常態化していたことがある。また、高校生の両親もそれを奨励し、できれば（将来展望がないと思える）この島に戻らず、機会の多い地域で子どもに活躍してほしいと願うようなところがあったという。

このような状況は、地域に閉塞感をもたらす。種子島のみならず、多くの衰退地域で見られる傾向である。

社会課題解決のネットワークを築き始める

東大チームは、目の前に立ち現れた数々の社会課題をクリアしなければ肝心のバイオマス技術実証試験を意味ある形で行うことはできない（仮に技術的に成功しても地域にその技術を受け入れる環境がない）との認識を深め、可能な限りそれらの社会課題の解決を検討してみようとの流れとなった。基本的には、域内資源、この場合はサトウキビから得られるバイオマス資源から、エタノール生産やバイオマス発電など、エネルギーを賄うことで資金の外部流出を減らし（化石資源の購入削減）、島内の資金循環を豊かにすることが基本コンセプトであり、それは地元雇用の創出につながるはずであった。

彼らが対峙した社会課題は多岐にわたる。

そのなかのいくつかの例を挙げる（図表2-24）。まず農家の高齢化が進むなかでサトウキビの生産量は成り行きに任せる形となり、島としての計画もなかった。バイオマス発電を組み込むには、離島のグリッドでは周波数変動調整能力が限定的であり、太陽光発電の出力制御が行われたり、赤字発電が発生していたりしたが、改善のための投資余力がなく放置されていた。農産物の生産体制は省人化する必要性が高かった。高齢の従業者が多いこともあり、島内の健康管理もより充実させる必要が認識された。

東大チームは、2014年ころより地元の一市二町を巻き込み、島内の課題解決に取り組む活動を始めた。地域の社会課題を解決しうる技術を有する大学にアプローチし、研究者の実証試験の誘致を推進した。その結果、たとえば非破壊分析の技術を持つ京大のチームが農産物の品質管理高度化実証試験を種子島で行うこととなった。また生体データ観測の技術を持つ奈良先端技術大学・熊本大学・京都大学のチームが熱中症アラームの実証実験を行った。

このようにして、種子島をフィールドとする大学の実証試験が徐々に拡大し、これまでに累積で20を超える大学が参加して種子島のさまざまな社会課題解決実証試験を積み重ねてきた。

そのなかで、当初から取り組まれてきたサトウキビ関連の技術実証についても、民間企業により推進されてきた。アサヒビールは醸造技術を活かして品種改良されたサトウキビ

図表2－24：種子島の社会課題と解決のための多方面からのアプローチ

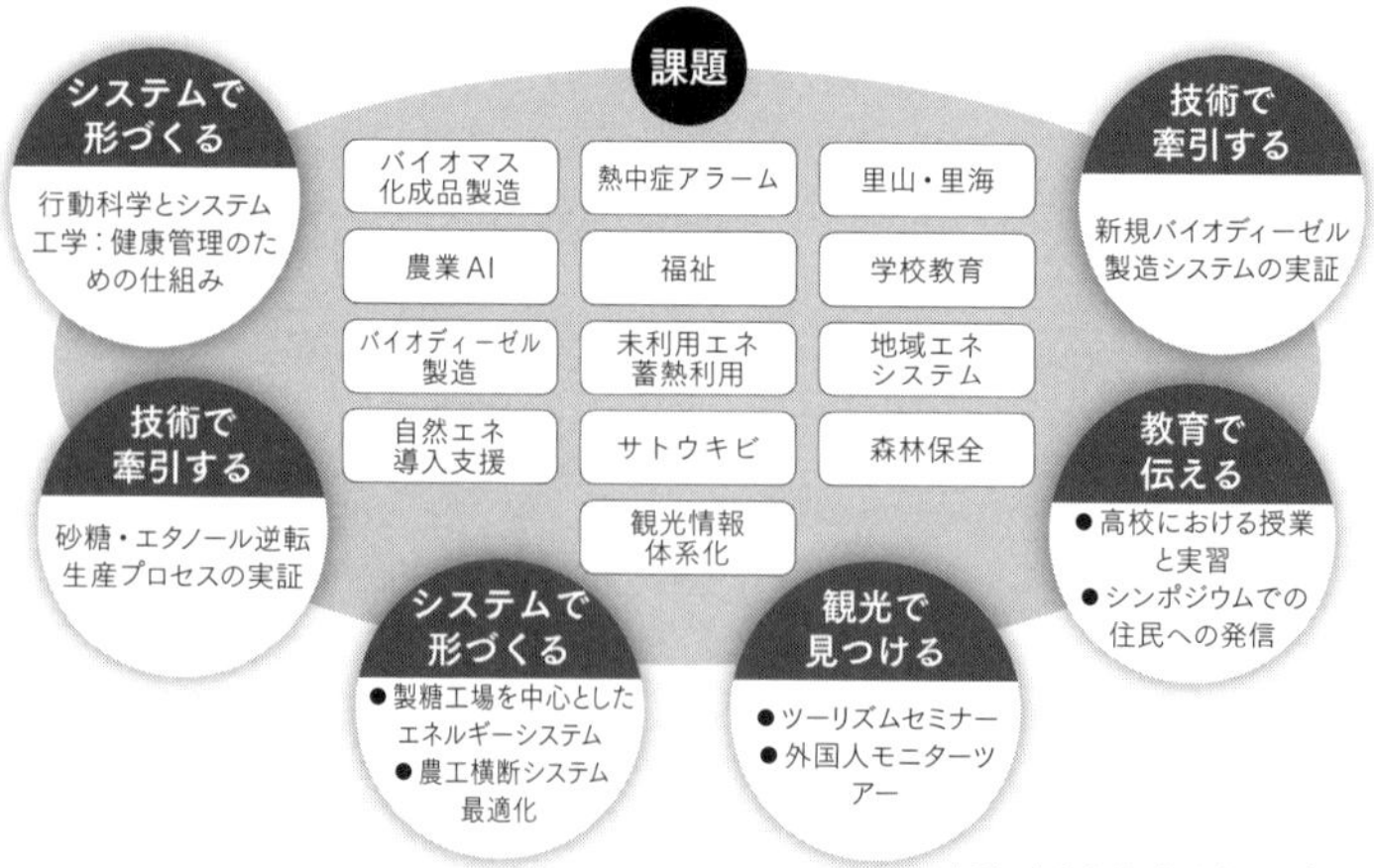

出所：東京大学　菊池康紀氏（提供）

からエタノールを生産する新技術に関して、世界初となる実証試験を種子島で行った。

社会実装に大学が関わる意義と効果

以上に見たように、大学には研究を媒体としたネットワークを形成する能力があり、これは複合的な社会課題の解決に踏み出すときには大きな力を発揮しうる。

また、地域の企業や自治体には難しい役割を代替することも可能なようだ。次の例がある。種子島のエネルギー自立化に関しては、中心の一つとなるサトウキビの活用が法制度上どこまで許容されるのか地元自治体でも判断がつかなかった。サトウキビは甘味資源作物交付金によって政策的に保護されていることもあり、その活用にはさまざまな制限があるのではないかという予見があったといえる。しかも、所管の中央官庁に直接この件を問い合わせることは、基礎自治体の担当者にとっては高いハードルとなっていた。このことを知った東大チームは直接、霞が関に照会し何の問題もないことを確認した。こうしたことに関しては、直接的な管理監督関係にない大学のフットワークが活かされる。

ロジックとバックデータを揃えても事態は動かない

以上のような何年間かにわたる地道な活動が実を結び、種子島の抱えるさまざまな社会課題はそれを解決しうる技術が存在すること、それらの技術を導入することが大きなメリットを島内の生活にもたらすことが徐々に明らかになってきた。

それらは経済的インパクトとして算定された。島の生産額は2000億円ほどであるが、化石燃料を外部から60億円ほど購入している。バイオマスなどを推進すれば2050年ころには地域資源で50億円ほどのエネルギー生産が可能となり（つまりその分は流出減になる）、生産活動が拡大して4億円分の雇用創出も想定されるということであった。この数字は、現在の減り続ける人口と雇用を考えれば、決して小さな数字ではない。

数値の提示は島内関係者の共通理解促進に大きな効果をもたらした感触はあったが、プロジェクトが立ち上がり、動き出すというドライブはかからなかった。その原因に関して、東大チームはさまざまに考えを巡らせることとなった。

情理の力

さまざまな実証実験のフィールドとなった種子島では、大学の研究者や学生が多く滞在する機会が増大した。東大チームはこうした状況を活かし、地元の中学高校との交流を始めた。

大学関係者が講師となり、特別授業で中高生に「自分たちが暮らす地域の課題」を見つけてもらい、大学の持つ技術を紹介し、それらの技術を活かせばどのように地域の課題を解決できるかをレポートしてもらう授業である。中高生はデジタル世代であり、テーマを理解すると驚くべき検索能力を発揮して短期間で自らのレポートやポスターをまとめ上げた。たとえば「サトウキビと資源循環」などのタイトルが、生徒自身によって付された。

東大チームは、これらの学習成果を地元住民や公共団体などが参加するシンポジウムなどで紹介する機会をつくった。プレゼンテーションは生徒が行った。空気が変わったのはこのときからだという。

東大チームも、各大学の技術シーズをもとに島の社会課題を解決する提言や企画の案を議会で説明する機会を何回か持っていた。しかし、それによって議員や行政が大きく動き出すことはなかった。

ところが、中高生の発表の直後からさまざまな動きが始まった。東大チームが議員から聞いたところによれば「〇〇さんの孫に言われちゃったからなあ」というような部分が大きく効いたようであった。やはり、未来はこどもたちのものなのだ。

社会課題を解決するために技術を社会実装する。そのためにはしっかりした技術的裏づけがあり、それを活かす論理や計画があり、それを担保するデータが示されればいいではないか、と考えてしまうが、関係者を巻き込んで動きを生むためにはそれだけでは不十分なのかもしれない。菊池准教授は「最後は情理」と表現している。

地域イノベーションのこれからと大学の機能

種子島の社会課題解決は、エネルギーが中心にあることもあり、新制度下のこれからが本番となる。東大チームは2020年度から地元自治体と包括協定を結び、実証試験をおえた技術の実装への取り組みに入っていく。プロジェクト効果の算定年次が2050年であることからうかがえるように、息の長い挑戦である。しかし、以上に記したようにその初期のプロセスにおいてもさまざまな「小さな社会実装」はすでに形になって現れてきており、それは大げさでなく日本の将来に大きな希望を感じさせるものであることについて異論は少ないだろう。

本稿は菊池准教授へのインタビューをベースに作成した。菊池氏は「共領域」という言葉は使わなかったが、種子島での東大チームの活動は本書で強調する「共領域」形成の最上のモデルケースの一つであると思われる。

このとき、大学の役割について再認識しないわけにはいかない。

イノベーションの目的はより豊かな社会の実現であり、企業は新技術・新サービスを開発し適正な対価でこれを社会に提供することによって貢献する存在である。しかし新技術・新サービスの受容者である地域社会にはさまざまな制約があり、自由にこれを受容する条件が整っていないことは本事例でも概観した通りである。

それは、企業も自治体も地域社会もそれぞれに守るべきものがあり、ある新技術・新サービスを導入することによって既成の社会的なエコロジーが崩れ、一部に不利益が生じたり、マイナスの波及が広がったりすることを各主体が恐れるからではなかろうか。

このとき、企業や自治体が自ら関係先を説得して回ることはあまりにも機会費用が大きく、また効果も見えづらい。また種子島の自治体が中央官庁への照会を躊躇ったように、立場としてやりやすいこととやり難いことも厳然としてある。

大学は、こうした文脈から見ればきわめて「動きやすい」存在と言える。自らは研究の実用性を確認したいという目的感を持ちつつも、それによって利益を追求する存在ではない。公共的、公益的な視点からさまざまなプレイヤーを結びつける機能を担いうるポジションに大学はある。結果として、自治体には地域活性化の可能性を提供し、企業には市場創造を促す役割も担うことが可能である。

「共領域」を具現化し「コレクティブ・インパクト」を発現するためには、ある意味で「無私」の存在がいてくれることが大きな推進要素となる。ここで言う「無私の存在」とは、「自己利益追求」や「権益確保」とは異なる価値軸を持つプレイヤーという意味である。そういう意味でイノベーションを社会実装したいプレイヤーは、大学との共創の在り方を改めて深く検討することが必要なのではないだろうか。

おわりに

本書は「失われた30年」からの真の脱却を目指すには、イノベーションの停滞を打破することが重要との仮説から出発した。日本でイノベーションが停滞している原因としては研究開発と社会実装の間の谷間など、個人や組織の間の連接が不十分なまま、それぞれが各々の個別最適を追求する社会システムの問題があると想定した。そしてバラバラなプレイヤーの間をつなぐ紐帯を形成することがわが国の有する豊富な社会経済資源をフル活用し、イノベーションの果実を享受するための必須要件と位置づけた。複数のプレイヤーの活動が連動することによりもたらされる複合的な効果を「コレクティブ・インパクト」と呼ぶことも紹介した。

これは必ずしも日本だけの問題ではない。事例紹介した通り、欧米先進国でも「放置していてはつながらない要素を連接させて全体最適を実現する」ためにさまざまな工夫が行われている。サプライチェーン側が社会との対話を積極的に取り入れたり、産官学の人材交流を仕組化したりする試みは、まさに欧米の国や企業によるプレイヤー間の紐帯の創造活動であると捉えられる。

「分析編」で見たように、日本は歴史的に海外の技術や制度を選択的に導入し、固有の文化と社会環境の下で新たな工夫を加えて活用し発展してきた国である。コレクティブ・インパクトを生むプレイヤー間の紐帯についても、日本社会の価値観にその基盤を持つことが重要であり、現代の日本では「社会に貢献したい」「自らの存在価値を確認したい」という若い世代の希望に沿うものであることが望ましいという考え方から、それを「共領域」[注37]と呼ぶことにした。

共領域とは、単に個々のプレイヤーの個別最適を単純に積み重ねて形成されるものではない。それは、複数のプレイヤーがそれぞれの目的や固有の価値観を曲げることなく、協働することにより個別最適の総和を上回る全体的便益を生じうるという認識が共有された相互関係性である。ここでは参加プレイヤーがフラットな関係にあり、またそれぞれに全体最適の像が見えていることが重要である。したがってわが国がカーボン・ニュートラルという大目標をいま設定することには大きな意味があることを実践編で記述した。

なお留意すべきは、共領域を形成するプレイヤーの間に価値軸の共通化は必ずしも必要ないということである。「リージョナル課題からの社会実装」で紹介した2事例では、企業には難しい役割を、組織目標が異なる自治体や大学が担うことで実際にコレクティブ・インパクトの発現につなげられることが読み取れる。むしろ、価値軸の異なるプレイヤー間の協働こそが社会実装のキーファクターになる。

ところで共領域の形成にはプレイヤー間の密なコミュニケーションがカギと考えられる。しかし近年における社会的コミュニケーションの環境は必ずしもこれに適う条件を整えていく方向にはない部分があることは認識すべきであろう。

たとえば失われた30年よりも前の時代には、行政機関や企業のオフィスを訪問する際のゲー

注37：「共領域」は三菱総合研究所が創立50周年を機に行った全社研究で未来へのコンセプトとして打ち出した概念である。（参考文献：三菱総合研究所「３Ｘ」ダイヤモンド社、2021）

トにおけるセキュリティチェックはほとんど行われていなかった。社員名簿や各種の卒業生名簿などは冊子として存在し、自宅の住所や電話番号が共有されていた。大きな契機となったのは2000年の同時多発テロ事件であろう。セキュリティカードの普及は2000年代から急増し2010年代にはほぼすべてのオフィスに導入された。また個人情報保護法の成立は2003年である。

加えて2020年以降現在まで、パンデミック対策としてリモートワーク推進、3密の回避、移動の制限、外食の制限などが要請され続けており、リアルに面会し、集まり、語り合い、体験を共有する機会は社会のあらゆる場面で大幅に縮小することを余儀なくされている。

こうしたなかで濃密なコミュニケーションを実現し、イノベーションを社会実装まで至らせることは決して容易なことではないが、その困難性もまたイノベーションによって克服されていくであろう。もっと人と交わり、もっと新しい技術やサービスを生み出して社会をよりよくしていきたいと考える若い人たちがわが国に多く存在することは確実だからである。

ポストコロナ時代の活き活きとしたコミュニケーションは、従前のようなリアルに過度に依存する形で実現するのではなく、さまざまなツールを用いた新しいつながり方、そこからのイノベーションを若い人（次世代）の主導でつくっていく必要がある。

リアルを軸とした過去型のコミュニケーションは、特定集団のつながりが濃厚となり内と外の敷居が明確かつ強固で離脱もしづらいものであったと言える。これからのコミュニケーションは共通の社会課題を解決したい人々をある部分では密でコンパクトに、ある部分では緩やかかつ広範囲につなげることが可能である。こうしたコミュニケーションのありようは、課題解決を実現するコレクティブ・インパクトを発揮しやすいものにしていくはずである。

本書に表した内容は、三菱総合研究所の小さな自主研究に端を発し、議論の輪が広がってこのような形になった。執筆関係者は別に示した通り約30人に及ぶ。それぞれの専門分野もバラバラである。これらのメンバーが「バックキャスティング」「共領域」「コレクティブ・インパクト」を描くというパーパスをそれこそ「共領域」として取り組んだが、その成果である本書がコレクティブ・インパクトを生むに至っているかは読者のご判断に委ねるほかない。

なお編集から出版への工程ではダイヤモンド社の花岡則夫氏、寺田文一氏、今給黎健一氏、上坂伸一氏ほか多くの社外の方からのご支援を得た。記して謝したい。

2021年11月

編著者一同

玉川 絵里（2-2）
未来共創本部　研究員
東京大学法学部卒業

中村 裕彦（分析編）
先進技術センター　主席研究員
東北大学大学院理学研究科地学専攻博士課程修了　博士（理学）

平石 和昭（2-5）
プラチナ構想ネットワーク　事務局長
東京大学工学部土木工学科卒業　博士（工学）

福田 桂（2-5）
サステナビリティ本部　主任研究員
東京大学大学院工学系研究科電気工学専攻修士課程修了

圓井 道也（2-5）
サステナビリティ本部　主任研究員
東京大学大学院工学系研究科化学システム工学専攻修士課程修了

万袋 俊（1-3、2-4）
フロンティア・テクノロジー本部長　主席研究員
東京大学大学院工学系研究科航空宇宙工学専攻修士課程修了　PMP

宮下 友海（2-4）
キャリア・イノベーション本部　主任研究員
一橋大学大学院社会学研究科総合社会学専攻修士課程修了

山口 健太郎（2-4）
セーフティ＆インダストリー本部　主任研究員
鳥取大学大学院工学研究科社会基盤工学専攻博士後期課程修了　博士（工学）

● 三菱総合研究所広報部

小野 由理（広報部長）
古明地 明夫（現セーフティ＆インダストリー本部）
檜垣 亨
駅 義則
三田 政志

【執筆者一覧】

● **執筆/執筆協力**（五十音順、カッコ内は主担当箇所）

阿部 真千子（2-4）
セーフティ＆インダストリー本部　主席研究員
早稲田大学大学院アジア太平洋研究科経営学専攻修士課程修了　MBA

荒幡 豪哉（実践編）
シンクタンク部門統括室　主任研究員
早稲田大学第一文学部哲学科卒業

魚住 剛一郎（2-3）
全社連携事業推進本部　ヘルスケア分野担当本部長　主席研究員
慶應義塾大学大学院理工学研究科管理工学専攻修士課程修了

川崎 祐史（分析編）
先進技術センター　シニア・エキスパート
東京大学大学院工学系研究科航空工学専攻修士課程修了

大木 孝（1-3、2-4）
フロンティア・テクノロジー本部　主席研究員
早稲田大学大学院理工学研究科環境資源及材料理工学専攻修士課程修了

小迫 光貴（1-3、2-4）
フロンティア・テクノロジー本部　主任研究員
信州大学大学院工学系研究科精密素材工学科修士課程修了

小橋 渉（2-3）
企業DX本部　インダストリーマネジャー　主席研究員
早稲田大学大学院商学研究科ビジネス専攻修了　MBA
早稲田大学大学院理工学研究科機械工学専攻修士課程修了

小林 信之（2-5）
サステナビリティ本部　主席研究員
東京大学大学院理学系研究科地球物理学専攻修士課程修了

酒井 博司（分析編）
政策・経済センター　主席研究員
京都大学大学院 経済学研究科修了　博士（経済学）

佐々田 弘之（2-4）
全社連携事業推進本部　エネルギー分野担当本部長　参与
大阪大学大学院工学研究科環境工学専攻修士課程修了

高谷 徹（2-4）
セーフティ＆インダストリー本部　主席研究員
東京工業大学大学院総合理工学研究科材料力学専攻修士課程修了

【編著者紹介】

三菱総合研究所

1970年に三菱創業100周年記念事業として設立された総合シンクタンク。

調査研究・コンサルティング・ICTソリューションの3機能を有し提言から社会実装までをカバー。創業50周年を迎えた2020年に新たな経営理念を発表。果たすべき使命(ミッション)は「社会課題を解決し、豊かで持続可能な未来を共創する」、その実現のために目指す企業像(ビジョン)は「未来を問い続け、変革を先駆ける」。すべての事業の起点を社会課題、ゴールを課題解決・未来共創と位置づけ「総合力」でソリューションを提供する。

● **構成・監修**

長澤 光太郎
専務執行役員　シンクタンク部門長
ケンブリッジ大学大学院土地経済研究科修士課程修了　博士(工学)

● **「分析編」主担当**

亀井 信一
研究理事
東北大学大学院理学研究科化学専攻博士課程前期修了　理学博士

関根 秀真
全社連携事業推進本部　レジリエンス分野担当本部長　参与
早稲田大学大学院理工学研究科環境資源及材料理工学専攻博士課程修了　博士(工学)

● **「実践編」主担当**

大石 善啓
常務研究理事　前シンクタンク部門長
京都大学大学院工学研究科修士課程修了　工学博士

須崎 彩斗
未来共創本部長　主席研究員
ニューヨーク州立大学建築計画学部都市計画学科修士課程修了

「共領域」からの新・戦略

イノベーションは社会実装で結実する

2021年11月30日 第1刷発行

編著者｜三菱総合研究所
発行所｜ダイヤモンド社
〒150-8409 東京都渋谷区神宮前6-12-17
https://www.diamond.co.jp/
電話：03-5778-7235（編集）03-5778-7240（販売）

企画・編集協力｜上坂伸一
装丁・DTP｜能勢剛秀
制作進行｜ダイヤモンド・グラフィック社
印刷｜新藤慶昌堂
製本｜川島製本所
編集担当｜花岡則夫 寺田文一

ISBN 978-4-478-11472-8

Printed in Japan